四特 教育系列丛书 SITEJIAOYUXILIECONGSHU

游艺项目活动组织策划

《"四特"教育系列丛书》编委会　编著

吉林出版集团股份有限公司

全国百佳图书出版单位

图书在版编目（CIP）数据

游艺项目活动组织策划／《"四特"教育系列丛书》编委会编著 . —长春：吉林出版集团股份有限公司，2012.4
（"四特"教育系列丛书／庄文中等主编 . 学校文化建设与文娱活动策划组织）
ISBN 978-7-5463-8613-3

I. ①游… Ⅱ . ①四… Ⅲ . ①游戏－青年读物②游戏－少年读物 Ⅳ . ① G898

中国版本图书馆 CIP 数据核字（2012）第 042002 号

游艺项目活动组织策划

YOUYI XIANGMU HUODONG ZUZHI CEHUA

出 版 人	吴　强	
责任编辑	朱子玉　杨　帆	
开　　本	690mm×960mm　1/16	
字　　数	250 千字	
印　　张	13	
版　　次	2012 年 4 月第 1 版	
印　　次	2023 年 2 月第 3 次印刷	

出　　版	吉林出版集团股份有限公司
发　　行	吉林音像出版社有限责任公司
地　　址	长春市南关区福祉大路 5788 号
电　　话	0431-81629667
印　　刷	三河市燕春印务有限公司

ISBN 978-7-5463-8613-3　　　　　　定价：39.80 元

前　言

学校教育是个人一生中所受教育最重要组成部分,个人在学校里接受计划性的指导,系统地学习文化知识、社会规范、道德准则和价值观念。学校教育从某种意义上讲,决定着个人社会化的水平和性质,是个体社会化的重要基地。知识经济时代要求社会尊师重教,学校教育越来越受重视,在社会中起到举足轻重的作用。

"四特教育系列丛书"以"特定对象、特别对待、特殊方法、特例分析"为宗旨,立足学校教育与管理,理论结合实践,集多位教育界专家、学者以及一线校长、老师们的教育成果与经验于一体,围绕困扰学校、领导、教师、学生的教育难题,集思广益,多方借鉴,力求全面彻底解决。

本辑为"四特教育系列丛书"之《学校文化建设与文娱活动策划组织》。

校园文化是学校本身形成和发展的物质文化和精神文化的总和。由于学校是教育人、培养人的社区,因而校园文化一般取其精神文化之含义。即学校共同成员在学校发展过程中,逐步形成的包括学校最高目标、价值观、校风、传统习惯、行为规范和规章制度在内的精神总和。

良好的校园文化环境是学生积极参与和悉心建设的结晶,也是实现素质教育、造就优秀人才的一个不可或缺的重要条件。因此,加强学校文化阵地的建设与组织活动策划是一项非常系统性的工程。学校文化阵地建设是学校文化的重要窗口,学校文化组织的策划则是学校实施素质教育和精神文明建设的重要组成部分,这两样都是学生成长成才的内在需要,更是推进学校教育工作的重要载体。

文化娱乐活动是文化体育娱乐活动的简称,其娱乐性、趣味性、知识性和多元化结合的特点是广大读者学习之外追求的一种健康生活情趣。

学校的文化娱乐活动项目包括音乐、美术、舞蹈、文学、语言、曲艺、戏剧、表演、游艺等多方面内容,广大青少年同学在课余时间通过参加多种形式的文化娱乐活动,能够达到开阔视野、陶冶情操、增长才智、提高能力、沟通人际、适应社会以及改善知识结构,掌握实用技能等效果。在这些文化娱乐活动中,他们通过接受不同形式、不同内容的有益教育,能够受到潜移默化的作用,从而达到提高思想、文化和身体的综合素质,这对造就和培养有理想、有道德、有纪律、有文化、适应时代腾飞的新一代人才有着十分重要的作用。

为了适应青少年发展的需要,营造良好的校园文化环境,为校园文化娱乐活动的组织策划提供良好的指导,我们特地编辑了这套书从学校的实际情况出发,以育人为根本目标,坚持先进文化的方向,从音乐、绘画、表演、游艺等方面重点对学生的基础知识和操作能力进行训练,努力使他们在娱乐中学到知识,在欢笑中陶冶情趣,并通过系统的训练和比赛,使他们的智力得到开发、知识结构得到改善,最终达到新课标要求的培养高素质的合格人才的目标。

本辑共20分册,具体内容如下:

1.《学校文化建设与管理创新》

校园文化重在建设,它包括物质文化建设、精神文化建设和制度文化建设,这三个方面建设的全面、协调的发展,将为学校树立起完整的文化形象。加强学校文化阵地的建设与组织活动策划是一项非常系统性的工程。本书对学校文化建设的组织管理与创新策划进行了系统而深入的阐述，体例科学，内容全面，具有很强的系统性、实用性、实践性和指导性。

2.《把图书馆打造成传播知识的圣地》

加强学校图书馆建设，对激发学生学习的积极性以及提高学生的整体素质有着重要的作用与意义。本书对学校图书馆的建设与管理进行了系统而深入的阐述，体例科学，内容全面，具有很强的系统性、实用性、实践性和指导性。

3.《环境与安全文化建设》

校园安全文化是校园文化的重要组成部分，学校安全文化建设水平的高低已成为学校核心竞争力的基本内容之一。所谓校园安全文化是指将学校安全理念和安全价值观表现在决策和管理者的态度及行为中，落实在学校的管理制度中，将安全管理融入学校整个管理的实践中，将安全法规、制度落实在决策者、管理者和师生的行为方式中，将安全标准落实在教育教学过程中，由此构成一个良好的安全建设氛围，通过安全文化建设，影响学校各级管理人员和师生的安全自觉性，以文化的力量保障学校财产安全和师生人身安全。学校安全文化有四个层次。即：安全观念文化、安全行为文化、安全制度文化和安全物质文化。它们相互作用，相互促进。

4.《把学校建设成传播文化的阵地》

作为中国特色社会主义文化阵地重要组成部分的学校，在中华文化面临挑战和发展的机遇之际，应该承担时代赋予的使命，通过教育创新，传承文明，创造先进文化，培养和谐发展的高素质创新人才来促进社会的发展，实现中华民族的伟大复兴。本书对学校文化阵地的建设与管理进行了系统而深入的阐述，体例科学，内容全面，具有很强的系统性、实用性、实践性和指导性。

5.《知识类活动组织策划》

文化知识类活动课是一门全新的课程，就其根本意义来说是为了提高学生的素质，而要做到这一点，必须对文化知识类活动课加强有效的科学的管理。尽管各科活动课教学目标是有弹性、较为宽泛的，但总的教育目标应十分明确，那就是有利于学生主体精神的体现；有利于对学生的分析问题和解决问题的能力培养；有利于活动成功学生的自我认识；有利于学生个性的发展，管理工作不能偏离这一目标。本书对学校知识类活动的组织策划进行了系统而深入的阐述，体例科学，内容全面，具有很强的系统性、实用性、实践性和指导性。

6.《科普活动组织策划》

科技教育是拓展学生知识面的重要平台，是培养学生自主创新的首要手段，在学生成长过程中已显现出越来越大的不可替代的作用，而学校重视科技教育，则可以让学校的重视学生全面发展的教师和学生在校园里都能有自己的发展空间。如果能够切实的从以上各个环节落实科学实践活动的开展，就可以在全校掀起一股学科学、做科学、用科学的热潮，使学生科学素养得到普遍提高，在落实了普及科学的目标的同时也提升了学校科学教育的质量。本书对学校科普活动的组织策划进行了系统而深入的阐述，体例科学，内容全面，具有很强的系统性、实用性、实践性和指导性。

7.《收藏活动组织策划》

中国文化艺术几千年源远流长的历史，也凝聚着文艺收藏的风云沧桑。社会文明的整体进步，在促进文艺创作繁荣的同时，也推动文艺收藏的蓬勃发展。收藏可以陶冶情操、修身养性，它要求收藏者具备理性的经济头脑的同时，还要有很好的艺术的修养。收藏者在收藏的过程中，潜移默化地将自己培养成理性和感性结合得相当和谐的现代人。本书对学校收藏活动的组织策划进行了系统而深入的阐述,体例科学,内容全面,具有很强的系统性、实用性、实践性和指导性。

8.《联欢庆祝活动组织策划》

联欢活动是指单位内部或单位之间组织的联谊性质的文娱活动。通常是为了共同庆贺某一重大事件,或者在某一节日、某一重大活动完毕之后举行。联欢活动一般以聚会的形式进行,所以又称联欢晚会。本书对学校联欢活动的组织策划进行了系统而深入的阐述,体例科学,内容全面,具有很强的系统性、实用性、实践性和指导性。

9.《行为文化活动组织策划》

行为文化是指人们在生活、工作之中所贡献的、有价值的,促进文明、文化以及人类社会发展的经验及创造性活动。本书对学校行为文化活动的组织策划进行了系统而深入的阐述,体例科学,内容全面,具有很强的系统性、实用性、实践性和指导性。

10.《文娱演出活动组织策划》

演出是指演出单位或个人在特定的时间特定的环境下所举办的文艺表演活动。由于演出经过长期的发展与各地的差异,目前主要包括电影首映、音乐剧、实景演出、演唱会、音乐会、话剧、歌舞剧、戏曲、综艺、魔术、马戏、舞蹈、民间戏剧、民俗文化等种类。本书对学校娱乐体育活动的组织策划进行了系统而深入的阐述,体例科学,内容全面,具有很强的系统性、实用性、实践性和指导性。

11.《音乐项目活动组织策划》

音乐是一种抒发感情、寄托感情的艺术,它以生动活泼的感性形式,表现高尚的审美理想,审美观念和审美情操。音乐在给人以美的享受的同时,能提高人的审美能力,净化人们的灵魂,陶冶情操,提高审美情趣,树立崇高的理想。本书对学校音乐项目活动的组织策划进行了系统而深入的阐述,体例科学,内容全面,具有很强的系统性、实用性、实践性和指导性。

12.《美术项目活动组织策划》

美术作为美育的主要手段的途径,它的主要任务不仅仅是传授美术知识,也不仅仅是美术技能的训练,而是通过学生内心达到审美状态,良好心理得到培养和发展,不良心理受到疗治和矫正,使各种心理功能趋于和谐,各种潜能协调发展,最后达到提高人的生存价值,体验与实现美好人生的目的。本书对学校美术项目活动的组织策划进行了系统而深入的阐述,体例科学,内容全面,具有很强的系统性、实用性、实践性和指导性。

13.《舞蹈项目活动组织策划》

舞蹈能够促进少年儿童的生长发育,改善少年儿童的形体,带来艺术气质和形体美,有利于提高少年儿童的生理机能,提高少年儿童的身体素质,促进少年儿童的心理健康发展,还能够培养少年儿童的人格魅力。本书对学校舞蹈项目活动的组织策划进行了系统而深入的阐述,体例科学,内容全面,具有很强的系统性、实用性、实践性和指导性。

14.《器乐项目活动组织策划》

贝多芬曾说:“音乐能使人类的精神爆发出火花。音乐比一切智慧、哲学有更高的启示。”作为素质教育的民乐教学,更突出将学生的全面发展放在首要的地位,使之形成具有显著办校特色的办学指导思想,为学校的全面发展做出了贡献,取得了满意的效果。本书对学校器乐项目活动的组织策划进行了系统而深入的阐述,体例科学,内容全面,具有很强的系统性、实用性、实践性和指导性。

15.《语言项目活动组织策划》

加强学校文化阵地的建设与组织活动策划是一项非常系统性的工程。学校文化阵地建设是学校文化的重要窗口，学校文化组织的策划则是学校实施素质教育和精神文明建设的重要组成部分。本书对学校语言项目活动的组织策划进行了系统而深入的阐述，体例科学，内容全面，具有很强的系统性、实用性、实践性和指导性。

16.《曲艺项目活动组织策划》

曲艺是中华民族各种"说唱艺术"的统称，它是由民间口头文学和歌唱艺术经过长期发展演变形成的一种独特的艺术形式。曲艺演员必须具备坚实的说功、唱功、做功和高超的摹仿力，演员只有具备了这些技巧，才能将人物形象刻划得维妙维肖，使事件的叙述引人入胜，从而博得听众的欣赏。本书对学校曲艺项目活动的组织策划进行了系统而深入的阐述，体例科学，内容全面，具有很强的系统性、实用性、实践性和指导性。

17.《戏剧项目活动组织策划》

戏剧的表演形式多种多样，常见的包括话剧、歌剧、舞剧、音乐剧、木偶戏等，是由演员扮演角色在舞台上当众表演故事情节的一种综合艺术。戏剧情节、歌唱和舞蹈这三者的复杂结合，使中国戏曲具有独特的风格和一系列艺术上的特点。本书对学校戏剧项目活动的组织策划进行了系统而深入的阐述，体例科学，内容全面，具有很强的系统性、实用性、实践性和指导性。

18.《表演项目活动组织策划》

表演指演奏乐曲、上演剧本、朗诵诗词等直接或者借助技术设备以声音、表情、动作公开再现作品。加强学校文化阵地的建设与组织活动策划是一项非常系统性的工程。本书对学校表演项目活动的组织策划进行了系统而深入的阐述，体例科学，内容全面，具有很强的系统性、实用性、实践性和指导性。

19.《棋牌项目活动组织策划》

棋牌是对棋类和牌类娱乐项目的总称，包括中国象棋、围棋、国际象棋、蒙古象棋、五子棋、跳棋、国际跳棋(已列入首届世界智力运动会项目)、军棋、桥牌、扑克、麻将等等诸多传统或新兴娱乐项目。棋牌是十分有趣味的娱乐活动，但不可过度沉迷于其中。本书对学校棋牌项目活动的组织策划进行了系统而深入的阐述，体例科学，内容全面，具有很强的系统性、实用性、实践性和指导性。

20.《游艺项目活动组织策划》

游艺是一种闲暇适意的生活调剂。其中既有节令性游乐活动，也有充满竞技色彩的对抗性活动，更多的则是不受时间、地点、条件制约的随意方便的自娱自乐活动。其中有的继承性极强，规则较严格；有的则是无拘无束的即兴自娱；有的干脆是一种与生产紧密结合的小型采集和捕捉活动。这些丰富多彩的民间游艺活动使得广大劳动人民特别是青少年无论在精神生活、智力开发还是身体素质诸方面得到有益的充实和锻炼，也成为最普及的农村文化活动形式。本书对学校游艺项目活动的组织策划进行了系统而深入的阐述，体例科学，内容全面，具有很强的系统性、实用性、实践性和指导性。

由于时间、经验的关系，本书在编写等方面，必定存在不足和错误之处，衷心希望各界读者、一线教师及教育界人士批评指正。

编者

目　录

7

第一章

游艺活动基本知识

第一节　游艺活动概述

1. 游艺活动的概念

　　游艺一般是指利用各种文化娱乐器具或玩具进行的带有一定技艺的游戏活动，内容包括魔术戏法，各种游戏、猜谜、对联等。游艺活动集文化娱乐和智力锻炼于一体，以丰富多彩的内容和生动有趣的形式受到群众的广泛欢迎。这项活动不仅适用于青年，也深受少年儿童的喜爱，是节假日晚会和游园的重要活动项目。

　　游艺活动有各种分类方法。按人的运动特点来划分，可以把游艺活动划分为智力类游艺、技巧类游艺、运动类游艺三种。智力类游艺是人智力运动的游戏，技巧类游艺是人技巧运动的游戏，运动类游艺是人体力运动的游戏。这种划分方法在某些项目中会发生交叉。

2. 智力类游艺活动

　　智力类游艺活动的特点是：人们在进行这类活动时，主要是发挥自己智力运动能力。智力类游艺活动在我国具有悠久的历史、繁多的种类和广泛深厚的群众基础。智力类游艺活动常见的有：

　　（1）猜谜。谜，是准确地抓住事物的特征，运用比拟的方法，以含蓄、精炼而又生动形象的语言表达出来，让人们去猜测的一种文字游戏，具有"谜面"、"谜底"和"谜目"三大部分。

　　"谜面"又叫喻体，是灯谜的主要部分，是猜谜时以隐语的形式表达描绘形象、性质、功能等特征，供人们猜测的说明文字。它是为了揭示谜底所给的条件或提供的线索，是灯谜艺术的表现部分，也可以说是灯谜提出问题的部分，通常由精炼而富于形象的诗词、警句、短语、词、字等组成。谜面文字要求简介明了，通俗易懂。

"谜底"又叫本体，就是所说的事物本身，让人们猜测的答案。谜底字数一般很少，有的是一个字、一个词、一个词组、有的是一种事物的名称或者动作，最多也不过是一两句诗词。如果谜底字数较多，制谜者就不容易制出好谜，猜谜语者也不好猜中。

"谜目"就是说明要猜的范围、格式及谜底的数量。它是联系谜面和谜底的"桥梁"，其作用有点像路标，给人指明猜测的方向。谜的种类繁多。从内容方面分：有物谜、名称谜、动态谜、字词谜、诗文谜、科技谜等。从制作方法上分：有普通谜、格律谜、哑谜、画谜、射覆谜和谜语故事等。

（2）对联。对联，是我国特有的一种雅俗共赏的文学形式。它是由诗词、骈文中对偶句演变而来的。其最早形式叫"桃符"，始于秦汉以前，即用桃木板两块，写神荼、郁垒二神，悬挂门旁，以为能"压邪"。到了五代，后蜀宫廷里开始在符上题联语，称为题桃符。

后来因主要是在春节用红纸写成贴在门上，故又称为"门对"、"春帖"、"春联"。一幅幅对联鲜红夺目，表达出喜庆气氛，文字各异，包含着不同的内容和情感，也蕴含着丰富的知识。

（3）射覆。射覆也是一种古老的游戏，类似猜谜。起始是用作劝酒的。把酒席上一件东西，放在一个碟子或碗的下面，然后说出这东西形态和大体的作用来，请在坐的人猜测，猜不中的罚酒。

现在运用到文学上来，是用两个物名，左一个物名的首字，和右一个物名的末字，合起来要成一个物名，左一个物名的末字，和右一个物名的首字合起来，也要成一个物名。只把左一个物名的首字和右一个物名的末字说出来，请人猜出所藏的物名。例如：松○○花——射香水；○南○京——射湖北；春○风○——射秋雨，等等。

（4）棋牌游戏。棋牌类游戏历史悠久，是一种在世界范围内盛行的智力类游艺活动。主要有各种棋类游戏、各种扑克牌游戏、麻将牌游戏、骰子游戏等。

智力类游艺活动除上述四种外，还有文字游戏、数学游戏、物理游戏、化学游戏、逻辑游戏、外语游戏、真空游戏、拆合游戏等等。

3．技巧类游艺活动

技巧类游艺活动的特点是：人们在进行这类活动时，主要是发挥自己各种技巧运动的能力。技巧类游艺活动可以分传统型和现代型两类。

（1）结构游戏：堆雪人，一笔画，华容道，快速组装，魔方变幻，巧解九连环等。

（2）表演游戏：感觉表演，耐力表演，联想游戏，绕口令，套圈钓瓶，抱物过桥，巧越障碍等。

（3）魔术游戏：借助物理、化学、机械原理来表演各种物体、动作或水火等迅速增减隐现变化的游戏。

（4）技能游戏：气枪打靶，气球投篮，呼啦圈，康乐球，台球等。

（5）角色游戏：蒙眼动作，大头娃娃、捉迷藏、走迷宫、找捷径等。

现代型技巧类游戏可分为电动、电子、声光、器械等各种游戏项目。

这类活动主要是利用现代电声光学原理按一定娱乐规则和程序进行设计，检验参与者的触觉（器械）、波觉（声音）、视觉（光线）、幻觉（化学）、形觉（概率）、移觉（物理）、知觉（逻辑）、感觉（障碍）等各种功能的发展水平，检验人的神经系统的反应速度，让人们在活动中发挥自己的技巧能力。

4．运动类游艺活动

　　运动类游艺活动的特点是：人们在进行这类活动时，主要是发挥自己体力的水平，在游戏中体现自己强壮的体力。

　　运动类游艺主要有以下三种：

　　（1）体育游戏

　　体育游戏是提高身体的活动性游戏和与各专项技能密切相关的专门性游戏。体育游戏是用游戏的形式把各种体育项目的技术、战术结合起来的一种娱乐活动。体育游戏把明确的技术要求，严格的规则，一定的运动量和难度。体育游戏主要分室内、室外或场馆、野外两类。其具体形式多达数百种。

　　（2）角力游戏

　　以人的体力、毅力等为较量对象的角逐性游戏，主要有拔河、单臂较量、拉绳取物，举炮弹、爬舷梯等。

　　（3）谐趣游戏

　　带有趣味性的对抗、相持游戏。主要有智力越野、知识接力、平衡搬运、双人画图、单腿行动、自行车慢赛等。

第二节　游艺活动组织

　　按照游艺活动的组织规模，游艺活动的组织可以分为单项性游艺活动的组织和综合性游艺活动的组织。单项性游艺活动的组织比较简单，而综合性游艺活动组织由于规模大、形式多、内容广，组织起来比较复杂，所以这里主要介绍一下综合性游艺活动的组织方法。

1. 建立组织机构

　　组织综合性游艺活动，应该建立一套组织机构。这套组织机构人员应有三方面人员组成：

　　（1）领导人员：领导人员是游艺活动的决策者，对整个活动实施全面的组织领导，负责活动方案的设计，制定规则，调配人、财、物，实施游艺现场指挥监控等等。

　　（2）技术人员：技术人员负责游艺活动器材设施的采置、装配、调试、维护等技术工作，并具体组织游艺场所的装饰布置。

　　（3）管理人员：管理人员具体负责各游艺项目的现场开放管理，维护活动秩序，提供服务保障等等。

2. 进行活动设计

综合性游艺活动所揽括的项目十分广泛，究竟怎样开展活动，事先一定要有所设计。活动的设计，应从实际出发，既不超出本单位的实际能力，又能满足官兵的兴趣爱好。应对大、中、小型游艺项目进行总体编排布局，做到层次分明，结构合理，轻重相宜，使整个游艺活动丰富多彩，为官兵提供不同层次、不同方面的娱乐服务。

（1）时间设计。综合性游艺活动一般都安排在节日休息的某一天举办。筹备工作至少应提前半个月，游艺活动时间以 2—3 小时为宜。

（2）项目设计。游艺活动项目，可以根据部队基层的场地、有关物资设施条件以及干部战士的兴趣爱好等情况确定。设计时应注意游艺项目与本部队工作的相关性，尽量根据兵种特点来设置项目，使官兵在游艺过程中能用上自己平时在本职工作岗位上练就的本领。设计还应注意项目的难度适中，只有难度适中才能调动大家活动的积极性。

3. 设施的准备

游艺活动内容广泛、形式各异，对活动设施的要求不尽相同。由于游艺活动内容和形式的多样性，决定了活动设施准备的必要性。设备准备可采用以下几种方式：

（1）是自己制作。可以发动官兵，根据活动需要自己动手制作器材。

（2）是适当购置。在经费许可的情况下可以适当购置一些设施。

（3）是向外借用。通过各种关系，向上级或友邻、共建单位借用一部分设施。

（4）是寻找替代。许多活动设施不一定按标准的搞，寻找一些替代方式也一样可以取得效果。

4. 场地的布置

游艺活动可用食堂、文化活动室、会议会、学习室等较大的房舍或球场、操场等为场地。各个活动项目场地之间最好毗邻相接，保持活动的整体感，也便于观赏。

主会场门口可张贴对联或横幅，室内墙壁可挂置字画或宣传标语，拉起彩带、悬挂彩灯，以增添节日喜庆气氛。

在室内场地不足的情况下，可将游艺场地设在室外。布置室外游艺场地，应尽量利用自然景色和竖立物，张灯结彩、悬挂谜语、试题，划分各类活动区域。应充分利用地面，把场地尽量安排得集中紧凑一些，并充分利用空间。如用绳索将游艺规则、项目介绍、游戏方法等彩色纸条（板、块）悬挂在空中，地面尚可摆放游艺器材、游戏设施等。场地上空可拉扯几缕彩带或升腾几束气球，并可安排一定数量的装饰彩灯或花灯。

各种游艺器材在场地中安装完毕后，应认真地进行检验测试，保证器材用具的完备良好。

5. 现场的调控

综合性游艺活动现场组织要做到有条不紊，一定要搞好现场调控。现场调控的主要内容有：

（1）落实岗位责任

各种游艺项目，都应有专人担任现场管理。工作人员应配带岗位标志。为保证良好的秩序，在入场口应张挂有关规则制度，各种游戏项目也都应悬挂出有关规则。应有足够的工作人员分别负责场地监督、秩序维持等事宜。游艺会场应设流动监管人员，负责整个活动的沟通协调，纪律纠察和安全事宜。

（2）奖品发放

游艺活动应设适当的奖品或纪念品，购置奖品应考虑获奖者的年龄、职业、性别、游艺主题和特点等因素，使奖品具有纪念性、实用性和群众性。奖品的数量应根据参加人数、项目数量、项目内容的难易程度、获胜系数等情况而定。奖品可设一、二、三等奖，其中三等奖应多于50%。

一般来说，每个游艺项目都应该设置一定的奖品，有的奖品可直接置于活动场地，有的奖品则应该统一保管，按活动中每人所得优胜奖券核发。

（3）保证安全

用电的游艺器材应有防止触电、安全用电的个体措施。

气枪、射箭等项目一般应有专门的射击室，如在室外，可设置在场地的一个角，紧靠墙壁，并用拉绳隔离，以防有人随意出入而招误伤，还要有人在现场管理射击的器械。

人比较拥挤的活动场所，应有防火设备和事先有防火的措施。

要有能及时制止争执的纠察人员。

野外活动，要携带医疗救治箱。

第三节　游艺应注意的问题

1. 高雅的情趣

游艺活动也有一个情趣高雅和低俗的区分。游艺活动的情趣同人的道德意识、审美情趣等有密切的联系。有些项目，本身无可厚非，但在娱乐目的不善的人那里，可以变成赌博的方式。部队基层组织游艺活动，必须坚持游艺活动高雅的情趣，对游艺项目要有一定的把关意识。在活动中如发现不健康或低级庸俗的苗子，应及时予以指正。

2. 和谐的气氛

游艺活动是一种游戏，虽然需要认真对待，但不能"较真上火"。活动中应该提倡互谦互让，竞争时应该提倡正大光明，发生矛盾时，应该以团结为重。各种比赛都应发扬"友谊第一，比赛第二"的精神，保证游艺活动在友好、谦让、和谐、热烈的气氛中顺利进行。

3. 新颖的感觉

游艺活动的项目要不断给人新颖的感觉。官兵的文化娱乐需求总是在不断变化、发展着的。组织游艺活动，也应随着官兵的需求而变化、而发展。如果游艺活动总是重复几种项目，就会使人兴味索然。新颖感可以体现在以下几个方面：一是旧形式赋予新内容，比如击鼓

传花唱歌，这是一个旧形式，但如果结合教育改成击鼓传花答问题，结合总结，改成击鼓传花提建议，官兵就会有新颖感。二是不断创造新形式，比如跑步竞赛改变成智力越野赛，知识接力赛，形式完全不同，也会有新颖感。三是不断增加新设备，随着科技发展，新的电控、光控、声控游艺设备进入军营，使部队的游艺活动进入了更高的层次，这也会给基层官兵的游艺活动带来新颖感。

第一节　魔术学习训练

1. 断指速接

效果

表演者走到台前，向观众鞠躬，然后向观众张开双手，证明自己的双手完好无缺。表演开始，用右手大拇指和食指紧捏着左手的大拇指，左右移动。突然，表演者的右手在右方猛地一拉，"哎呀"一声，左手大拇指被拉成了两段。可是不到几秒钟又接好了。如此反复，拉断又接上，接上又拉断。

揭秘

表演者左手的大拇指根本没被拉断。其秘密就在手的工夫上，动作要迅速。原来，表演者在用力拉左手拇指的瞬间，左手的大拇指迅速朝下弯曲。与此同时，右手的大拇指朝前一弯，在食指的掩护下左右一移，看上去就像拉断左手大拇指一样。接上时，右手食指和大拇指往左推去，弯着的左右手大拇指迅速一并，被拉断的左手拇指就接好了。只要动作配合得好，观众看起来像真的把大拇指拉断又接上一样，非常逼真。

但在表演时必须注意，在两只大拇指并成一只时，一定要把左手的四指伸直，看上去才像真的接上一样。

2. 香烟自立

效果

舞台上摆着一个小方桌，表演者表演完上一个节目后，助手送上

14

一盒香烟。助手先面向观众展示香烟，然后递给表演者。助手退场。表演者接过香烟后，当众打包，取出数支，随即把香烟盒和已拿出的香烟放在小方桌上，手中留一支。表演者用右手拿起香烟，放在左手掌心中间，把它竖立起，但右手一放开，香烟就倒下了，反复几次都没成功。于是，表演者随手把香烟放回桌上。接着，看看自己的双手。然后把双手相互搓几下，又拿起香烟做起了原来的动作。只见他目光凝视香烟，手掌平衡移动，左手掌上的香烟却竖立不倒。这时，他用右手当扇子，朝下往左手掌扇几下，立着的香烟就慢慢的卧倒了；又朝上扇几下，香烟又自如地立起来了。反复动作，掌上的香烟一会儿躺下，一会儿立起，非常听从使唤。

揭秘

香烟能立在手掌上，能自动卧倒、立起，其诀窍是什么？原来这支香烟的一头，黏着一小条橡皮膏（用风湿伤痛膏为佳，其黏性较好）。表演时，表演者擦了擦手掌，到桌上拿香烟的时候，调换事先准备好的、粘有膏布的那支香烟。（这支烟事先装在烟盒里，往外拿香烟时，与其他香烟一起拿出，放在方桌上）。要它立着时，只要把贴在香烟下头的橡皮膏一按，香烟就粘在手掌上了。香烟粘放位置，略靠大拇指一边，大拇指稍微向里一松，香烟就卧倒了；大拇指往外撑开，香烟就立起来了。用右手当扇子，只不过是虚张声势而已。有的人要问，橡皮膏布不是要被观众发现吗？不会的，因为是在台上表演，只要动作熟练、自如，观众是看不见的。

3. 口中串珠

效果

表演桌上放着一个空玻璃杯、一只热水瓶、一块洗脸毛巾、一团棉线和一只浅口圆盘。

表演者来到桌旁，拿起玻璃杯，杯口朝下，表示杯子确实是空的。然后，从上衣口袋中取出一个 *1* 寸见方的小纸包，原来是一包茶叶；将茶叶倒进玻璃杯中，拿起热水瓶，滚热的开水注入杯中，一霎时茶叶就泡开了，是一杯琥珀色的红茶。然后，表演者将那只小圆盘拿起来，走到台前，将盘子放低一些，让观众看清里面是一盘彩色的小珠子（如黄豆一般大小，玩具店有售），表演者抓起一把，又撒回盘中，证明这些珠子是分散的，绝没有连在一起。

表演者走回桌旁；当众张开嘴，将盘中的珠子，一粒一粒地放进嘴里，放了 *20* 粒左右，才停下来。放珠子的动作非常清晰，让观众都看得明明白白。然后走到台前，张开嘴，让观众看清珠子确实在嘴里。

表演者端起那杯红茶，喝了一口，骨碌一声，同时做了一个很艰难地往下吞的动作。然后，面对观众，将嘴张开，观众一看，嘴里一粒珠子也没有，显然是吞进肚子里去了。表演者拿起毛巾，揩去嘴唇上的水渍。再从线团上解下一段 *1.5* 尺长的棉线，拉断，绕成一小团放入嘴里。然后，右手在空中虚抓一把，再向口中虚掷一下，接着，右手的食指和拇指伸进嘴里，掏了一阵，掏出一段线头来；扯着这段线头向外拉，哈，竟拉出一串珠子来，约摸有 *20* 多粒，好像是吞进肚中的那 *20* 多粒珠子，自动地串到这根线上被拉了出来。

揭秘

吞进肚中的珠子会自动串好再从嘴里拉出来吗？

当然不会！这套小魔术的秘密就在桌上的毛巾和茶杯里。

茶杯里泡上红茶，为的是颜色深，可以起保护作用。那块毛巾，本身并没有什么秘密，只是在表演前要在里面藏好一串珠子。这串珠子约 *20* 余粒，与放进口中的珠子数目相等，其形状也与放在浅口盘中的珠子相同。表演时，毛巾不是主要的道具，不需要交代，所以观众不会发现其中的秘密。

表演时，先泡好茶，再交代珠子，证明盘里的珠子是分散的；将珠子一粒一粒的放入嘴里，目的是拖延时间，让杯中的茶泡开放凉；端起茶杯，喝几口茶，表示用茶将珠子冲下去。其实，秘密就在这儿。表演者在喝茶的时候将珠子吐进杯中。珠子是彩色的，新泡的红茶又很浓，所以珠子落进杯中，和茶叶混在一起，观众根本就看不出。但喝了几口茶以后，仍须装出一个往下吞的动作，似乎是将口中的珠子完全吞进肚里去了。然后，张开嘴，给观众看一看，表示嘴里是空的。那么珠子到哪里去了呢？依观众看来，当然是吞进肚里去了。

然后，拿起桌上的毛巾，似乎是揩去嘴上的水渍，但实际上是将手巾中的已经串好的珠子趁机送入嘴里。揩嘴巴是个很自然的动作，观众万想不到其中有秘密。从线团上扯下一根 1.5 尺长的线，绕成一团，塞入嘴里，让观众认为那串珠子是在嘴里串的。其实，线团放入嘴里后，把它藏在舌根下。然后，做了一个虚抓虚掷的动作，是用来迷惑观众的。将右手的食指和拇指伸进口中，寻找那串珠子的线头，向口外拉出。拉的时候动作不要太快，可以将珠子一段段地拉出。这样，口中串珠的奇妙现象，就发生了。

这套魔术的关键，就在喝茶和擦嘴那两个动作上，向杯中吐出珠子以及从毛巾中含进珠子，动作都必须自然迅速。

4. 气球提起气罐子

效果

表演者手提一个空咖啡罐上场。把空咖啡罐放在方桌上。再从上衣口袋里拿出一个橡胶气球，并把它吹胀，然后将它压在空咖啡罐的罐口上。这时表演者向观众表明他将不用任何方式接触罐子，就能把它连同气球一起提起来。

揭秘

表演开始，表演者提起气球，但罐子没被提起来。表演者就从气

17

球中放出一点空气，并再试一次。最后放出足够的空气，使气球变得比铁罐直径小，把气球放入罐里，然后吹入更多的空气。当气球膨胀时，越来越大的空气压力，使它在铁罐的内壁上扣得更紧，就像旧式汽车内胎顶住轮胎壁一样。随后，夹住气球颈部，不让空气漏出。提起气球，咖啡罐也跟它一起被提了起来。有一点要注意的是只需少量的额外压力，就能提起咖啡罐，所以一定要适可而止，否则压力增加太大，气球会破裂。

5. 直线钓花瓶

效果

表演者先出场，随后助手从对面跟出。表演者鞠躬后，助手拿出一只高约 18 厘米，瓶口直径约 2 厘米的细颈陶瓷花瓶，和一根长 50 厘米左右，直径 5 毫米左右粗的软棉绳，递给表演者。助手用手示意，请观众看表演，然后退场。表演者把陶瓷瓶和软棉绳展示给观众，然后把绳子放入花瓶口中。只见他任意摆弄几下，花瓶就被悬空钓了起来。他提着花瓶走了一圈，花瓶也没有掉下来。

演毕，有的观众怀疑绳头有秘密，表演者再次展出绳头。证明绳头没有秘密。

揭秘

这套小魔术是有秘密的，但不在绳头上，而在花瓶里。花瓶里预先放入一只小橡皮球，比瓶口略小一点。表演中，表演者一边对观众说话，一边自然地持花瓶做适宜的运动，使小橡皮球滚到瓶颈处而系住绳子。这样，只要把绳子提起，花瓶当然也随着悬空拎起。若要当众使绳和瓶脱离，只须在花瓶底上轻拍一下，让球从瓶颈脱落，绳子便可拿出来了。

6. 纸团失踪

效果

表演者走上台来，从事先准备好的方桌上拿起一小张白纸，当众把它搓成一个小纸团，放在左手拳中间。然后用右手食指把小纸团直捅掌心里。再从口袋里掏出一支笔，同样把它也往左拳里捅，一直捅到底；接着从拳底下抽出这支笔。此时，张开左拳头，观众惊异地发现小纸团已不知去向了。

揭秘

窍门在于用右手食指捅小纸团时，左拳中的纸就被右手"吃"掉了。表演者握起重拳时，无名指、小指捏得较紧、大拇指、食指、中指捏得较松，这样左拳中间就构成了一个小洞。当拳心中间的小纸团要往右过门的瞬间，右手空拳略放低些，只要将右手食指往里一弯，左手拳往右手空拳一抖动，小纸团即落进了右手的空拳里了。接着迅速抬高右手空拳。用右手食指再做几下捅小纸团的动作，以此造成假象，迷惑观众。然后，当右手从口袋里取笔时，趁机把小纸团放在口袋里。这样，用笔去捅时，自然小纸团不见了。

7. 节日礼品盒

效果

表演者先走上舞台，向观众敬礼。这时一位助手手捧一只方筒形的纸盒子和一只较大的玻璃匣由对面出场。匣内装满了五色缤纷的纸屑。助手站定后，将纸盒交给表演者。

表演者先向观众交代方筒形的纸盒，盒上有盖，盖的中心开有一个小圆孔，伸一个指头进去，便把盖子揭起来；盒内有底，从深度上看来，盒内确是空的，没有夹层。再伸手到玻璃匣中，抓起两把纸屑，撒向空中，彩色缤纷，随风飘舞，非常美观。接着，把纸盒拿到玻璃匣里，装满纸屑，盖上盒盖，用手对着盒子做一个变化的姿势，揭开盒盖，顺手一探，便取出一朵红色的纸花，一朵接一朵，不断取出。

取出后抛给观众。每朵花蒂上都用彩色丝线系着一张小卡片，写着"恭贺新禧"。表演者再对纸盒做一个投入的手势，探手进去，又取出许多饼干来。助手又赶紧拿一只盒子来接着。饼干取完，又拿出一些动物玩具，如小鸭、小白兔、小狗、小猫等，摆满一盘。这时表演者再交代纸盒，证明一点关键也没有。

揭秘

这套魔术很精彩，但设备却很简单，可以自制。先用纸板做一只"机关"纸盒，高8寸，底4寸见方。下面的底，是一块方形的纸板，中间开了一个4分大的圆孔，用一层薄纸贴上，将孔遮没，纸底板较盒身稍小，把它嵌入盒内离底边2分处，不用粘牢，再做一只浅边的盖子，盖高5分，以套在盒口外，不松不紧为适宜。这只盒我们暂名为"外盒"。

再做一只比外盒小一点的内盒。盒高7.7寸，底约3.9寸见方（大小以套入外盒，不致滑出为度），盒身有底而无固定的盖，盖子和外盒的底相似，也是一块方纸板，中间开一4分大的圆孔，糊薄纸遮没，大小恰好可放入盒口，嵌在离盒口边2分处，作为临时的盒盖。

玻璃匣也是纸板做成的，没有"机关"。匣长1.8尺，宽1.2尺，高9寸，前壁做成长方的框形，框的四边各长1.5寸，再在后面（即向盒内的一面）衬一块玻璃，用纸条贴边粘牢，使玻璃不会移动。

两只盒子和一只匣子做好后，外盒和玻璃匣外面，可加绘彩色图案，这样可以增加道具的美观，内盒的外部（连同底板活盖），薄薄地粘上一层彩色纸屑。做道具用的纸屑应准备得多一些，剪成3.4分大的方块，装满玻璃匣子。

演出前将几件小玩具（纸制或碎布制成，体积应小一些）装入内盒，再装上一些饼干和带卡片的花朵，然后将纸板盖入盒口里面。

内盒斜卧在玻璃匣中，再把各色纸屑倒进去，装得满满的，内盒隐藏在纸屑里，无从看见。同时因盒外已遍粘各色纸屑，起了保护色的作用，即使偶然露出一点，也不会被察觉。

表演时，揭去外盒的盖子，把盒子拿到玻璃匣中装纸屑时，便把外盒底边套住内盒上部，一手向后压，一手装入纸屑，此时外盒的活底被挤向上移动，内盒全部进入外盒里，紧紧套住；盒里似乎装满纸屑，事实上只有薄薄一层，罩上盖子，做个手势，从盖中圆孔上伸进食指，穿入两块活极孔中，一并钩起揭开，然后将里面预藏的纸花、饼干、玩具等彩品一件件"变"出来。

8. 剪不破的手帕

效果

表演者从口袋里掏出了一块红绸帕，从中间部分拎起，握于拳中，只留着一部分露出拳外。接着，请一位同志上来剪帕。剪子一动，一小块绸布随即轻轻地飘落地上。这时剪帕者拾起被剪掉的小块绸，面向观众举起，然后再递给表演者。表演者再把小块绸示意给观众，然后把小块红绸往拳头里塞起，塞好后，再拎起红绸帕两角展开，完整的红绸帕没有一点破处，和原来一样出现在观众眼前。

揭秘

这套小魔术的秘密在于：预先在一个肉色的指套内塞着一小块红绸，再把指套戴在大拇指上。当拎起红绸帕握在拳中时，乘机把假指套脱下，也握于拳中，再顺势将假指套中的小块红绸拉出一部分，以让人随便去剪。

然后把剪下的小块红绸塞入拳中，乘机将假指套戴上，再拎起红绸帕的两角展开，由于假指套被红绸帕一角遮住，所以观众看不出大拇指上有指套的秘密。

（注：如果没有肉色做指套，可用牛皮纸代用制成）

9. 摸牌猜点

效果

表演者拿出一副扑克牌，当众散开。并反复给观众看，表明这副扑克牌与普通扑克牌一样。

表演开始，表演者请一位观众，从牌中任意抽出一张，招牌的背面递给他，只见他上下摸了一会儿，略一思考，就笑笑说："颜色是红的，1、2、3……是方块6。"牌点果然被猜对了。接着大家轮流抽牌给表演者猜，他都一一猜对了。

揭秘

但魔术总是假的。原来，表演者在右手的食指和中指之间，夹着一枚新的图钉。通过图钉的反光作用，能清清楚楚地看见牌上的点数（其实照一照牌边上的点数就够了）。摸牌时，表演者的动作自如逼真，即使已经看清牌点，也不马上讲出来，而是反复地从上而下，从左到右，装模作样地摸着，尽力通过这些假动作，让观众对他的"摸牌猜点"信以为真。

10. 蛋落杯中

效果

表演者首先在表演桌上放着四只装着水的高玻璃杯。四只杯子上平放一个方盘，盘上竖立四只大线轴，每只线轴对准一只杯子，在线轴顶上分别放一个熟鸡蛋，各蛋都靠其大端平衡。

表演开始时，表演者先把这些东西示意给观众，证明其中并无欺骗。然后，表演者对准盘和线轴用力而快速地一击，盘和线轴都被击掉了，而蛋却笔直地掉入玻璃杯中，把水溅得很高，而蛋丝毫没有破损。这到底是什么原因呢。

揭秘

说来并不困难，惯性是造成蛋落入水杯的因素。静止物体都有这种倾向，除非某种力或动作使它们运动。要是盘慢慢地被从杯上推开，线轴和蛋只会和盘一起被推掉。但有力地打击它，盘和线轴被非常迅速地打掉，因此施加在蛋上的横向力极小，而惯性则让它们向下掉落。

另外，方盘和杯缘之间有摩擦力也在起作用。如果玻璃杯是空的，方盘是重的，那么施加在杯子上的力足以把它们全推倒。但水的重量使杯子保持稳定，而使用轻盘则减小摩擦力，因此玻璃杯自然立在原处。

蛋的重量把轻线轴紧压在盘上，但你一打之下，摩擦力就起了作用。盘把线轴带走，而线轴和蛋之间的接触很快就消除了，因此表演者的打击动作对蛋的效用微不足道，因此不致于搅乱它们的垂直下落。

11. 丝巾穿肠

效果

魔术师用一条丝巾蒙住助手的眼睛，然后把设计好的弓拿出来，并把黄丝巾绑在箭上，这样当箭飞射出去时，黄丝巾能显示其飞过的路线。

魔术师射击，观众亲眼看到黄色的丝巾穿过助手的身体，射到靶上。

丝巾穿过了助手的身体，还可以来回拉动，但没有任何血迹！

揭秘

用的道具为真枪，但里面只是粒空弹，只放出烟雾，箭并未真正发射出去。

丝巾是用肉眼看不到的渔丝系着，渔丝被魔术师的手臂和背部遮住了。

表演开始时，渔丝已经横拉过舞台，通过女助手的衣服、头部辅助器，绕过身躯，连接到标靶上。

射击的过程中，靶后面的工作人员拉动渔丝，黄丝巾便"穿过"人体直达靶上了。

其实靶上的黑色竖条里，事先藏有一支箭，工作人员按时把它放下，这样观众看到的箭就像刚射上去的。

12. 奇特的木箱

效果

舞台上放着一个大箱子，上面有三个孔。魔术师打开前门，让观众看清里面是空的，也没有暗格。

前门关上，后门也关上。嘴里念念有词，一会儿他把手伸进第一个孔，拿出一只兔子，又伸进去，拿出第二只兔子。然后是中间的孔，两只白鸽。最后一个孔，是两只小狗。

从头再来，从第一个孔拿出两只小鸡，中间的孔拿出两只鸭。

这个奇特的木箱里到底有多少动物啊！

最后打开了前门，里面是一位美女和一只小猫！

揭秘

表演前，动物们事先藏在了木箱的地板下面，里面有很大的空间。

这位美女也在里面，待魔术师打开后门前，爬到板下藏起来了，整个木箱就是空的了，把前门关上后，美女爬回原来的位置，没有人发现，后门一关上，表演开始了。

木箱里的助手把兔子从地板中拿出来，魔术师便接过兔子展示出来，然后是更多的动物。

最后助手拿出小猫，前门打开后，美女和小猫也都出来了。

这个魔术也就结束了！

13. 拼柜变美女

道具

（1）用长为80厘米，宽80厘米，高度为20厘米的木板做一个底座，底座的四周开有四个长槽。

（2）后板是用木条做一个长方形的木框，高200厘米，宽74厘米，在木框里装一块转心板，转心板下端装一个踏板，上端装两个扶手。

（3）前板与后板的做法一样，只是木框里安装的是一个活门。

（4）做两个侧板，要求大小一样，高200厘米，宽70厘米。再用木板做一个上盖，上盖的四边钉上木条。

将前板、后板、侧板插在底座上，再把上盖盖好，就可以组成一个立柜。

表演

在魔术师的指挥下，六位助手把六块木板拼成一个木柜，然后魔术师用指令枪对着木柜放一枪，打开木柜后，从木里面出来一名美女。

揭秘

（1）演出前，首先把后板立在舞台上，由两名男助手扶住。把转心板转好，使有脚踏板的一面朝后，一名女助手站在脚踏板上，双手握住扶手。

在后板的左边立一块侧板，让男助手扶住。在后板的右边同样立一块侧板，由男助手扶住。

在侧板的右边立一块前板，由男助手扶住。上盖立在前面，由男助手扶住。最后把底座放在舞台中央。

（2）演出时，把幕布拉开，魔术师走上舞台。在魔术师的指挥下，助手们先把两个侧板放在底座上，接着把后板和前板放在底座上。

另外一个男助手把盖好上盖，这样就拼成了一个立柜，立柜拼好后，男助手站在立柜旁边，暂时不要离开，用手扶住立柜。

（3）魔术师打开前门，向观众交待清楚后，再把门关上。这时，助手推一下后板上的转心板，使转心板转动 180°。

这样，女助手就可以进入柜里了，

（4）然后魔术师用指令枪对着木柜放一枪，就会从木柜中出来一名美女。

14．布袋变人

道具

准备一条手绢、一个布帐子和一根绳子。再用黑布缝制两条相同的布袋，布袋的大小可以装入一个人。

表演

魔术师把男助手装入布袋里，用绳子把口扎住，再把绳子交给观众拉住，此时布袋用帐子罩住。

这时，魔术师喊"1、2、3！"后，让观众拉出布袋，奇怪的是男助手已经从布袋里跑出来了，而布袋的口仍然被绳子扎得牢牢的。

揭秘

（1）演出前，首先把第一个布袋叠好，藏在男助手的身上。

（2）演出时，魔术师把第二条布袋拿起来，请观众上台来检查布袋的里面和外面，没有任何机关。

（3）让男助手进入第二条布袋，魔术师和女助手把布袋提起来，用手握住布袋的口。

这时，布袋里的男助手把第一条布袋取出来，慢慢把布袋口伸出来一点，女助手赶快把两个布袋的口握住。

（4）魔术师用手绢把第二条布袋的口扎住，这样，两条布袋就扎在一起了，再用绳子吧第一条布袋的口扎牢。

这样，男助手虽然在第二条布袋里，可是绳子捆住的却是第一条布袋的口。

（5）四个男助手把布帐拉起来，用布帐子把布袋罩住，将绳子留在外面。然后让观众拉住绳子。

（6）男助手把第二条布袋拽下来（因为是用手绢捆住的，所以很容易拽下来）。把手绢仍然留在第一条布袋上。

这样，男助手就跑出来了，再把第二条布袋藏在身上。

（7）魔术师喊"一、二、三！"后，让观众用力拉绳子，这样，拉出来的是第一条布袋，布袋口依然扎得牢牢的，然后把帐子掀开，男助手也就变出来了。

15. 妆台镜影

道具

首先做一个底座，从外观看上去，底座分上、下两层，上层小，下层大。

从内部看上去，上、下层是相通的。在上层和下层分别安了一个短的抽屉。底座的上面有一个活门。后板、左板、右板和两块前板用合页连接起来，把后板固定在底座上。每块板里面再安装一面镜子。

表演

魔术师一招手，两位男助手推来一个梳妆台，在舞台上转动一圈，停放在中央。

魔术师打开梳妆台，可以看到后板、左板、右板和前板上都装着镜子。把底座上的两个抽屉拉开，从中取出两个花束。把花束放在底座上，把抽屉推进去，最后把镜子板关上。

男助手推着梳妆台转一圈，魔术师将前板打开，底座上出现一位少女，手持两束鲜花。

揭秘

表演前，女助手事先藏在了底座内，在两个抽屉内各放了一束鲜花。

把梳妆台向观众交代清楚，然后把镜板关上。

这时，男助手推着梳妆台转动一圈，这样可以增加魔术的神秘感，又可以给女助手充足的时间，便于从底座里钻出来。

从变幻角度来讲，镜子没有任何作用，但是镜子的反光作用，可以增加观众的幻觉。

16. 逃脱绳子的束缚

效果

把两条长约 1.5 米的绳子展示给观众看，再请两位观众做助手，两根绳子分别交给他们，并让他们认真检查。

在检查时，魔术师可以在舞台中央放一把椅子。等两位确认绳子没有问题后，魔术师就坐到椅子上面，请他们两位把您的双膝与双腕捆在一起，然后把一大块布盖在魔术师的手腕上。

突然，魔术师的手从布的下面伸了出来，还未掀开时，魔术师的手早已缩回去了。

掀开布时，观众们发现没有任何变化，还像以前一样捆绑在椅子上。

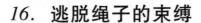

为了使他们放心，魔术师请这两位助手在自己的手腕上再打上一个结扣，随后，把刚才那块布重新盖到了双手上。

然而，又一次成功地逃脱出来了，这一次，迅速掀开那块布，以此证明自己获得了自由。

对于观众们来说，这就好像是魔术师的双手与双腿奇迹般地穿透了那些绳索，成功地摆脱了它们的重重束缚！

揭秘

为了演好这个魔术节目，需要准备三件道具：两条长度大约为1.5米的绳子。一块长约1.2的方形的不透明布料。

17. 一把椅子

表演

（1）请两位观众到舞台上来，并作为助手，将绳子交给他们检查。在他们检查绳子时，魔术师可以把椅子放在舞台的中央。

（2）把右侧助手的绳子要回来，挂在右手上。我们称这条绳子为甲绳。

这时，甲绳的中部要位于右手食指的根部。接着把左侧观众的绳子用左手接过来，我们称做乙绳。把乙绳的中心放在右手的食指与中指之间且靠近指尖。

（3）请左侧助手与另外一位助手对椅子进行检查。在助手检查的同时，把两条绳子从右手转移到左手，同时完成下面的几个动作。

（4）用左手抓住乙绳绳圈以下大约15厘米处，使甲绳从右手食指上滑下来，落在由乙绳构成的绳圈上面。

（5）用右手向上拉乙绳，使其超过甲绳，然后在15厘米处进入左手之中。

（6）左手手指并拢，紧握住两个钩形绳圈。

29

（7）在观众看来，这两条绳子好像是笔直地从左手中穿了过去。

（8）现在，两位助手的检查已经结束。魔术师站在椅子前面，请两位助手分别站在两侧。

（9）魔术师把自己的手放在腿下，并抓住乙绳。这时，一定要用左手握住那两个钩形绳圈。把甲绳与乙绳的交汇点绕在腿下，即把那两个钩形绳圈放于左腿的下面。

现在，可以坐下来了，与此同时，把那两个绳圈隐藏在左腿弯下面。

（10）上述位置是为了达到一个目的，那就是坐下来后可以用左腿弯夹住两个绳圈，以便顺着绳子从左侧把左手滑出来。

注：按第 10 步骤所示的方法握住绳子，从观众的角度看那两条绳子是直接从腿下穿过去的。

（11）让两组绳子在膝盖上交叉。确认左面乙组绳子在前面，而右侧甲组绳子在后面，然后进行交叉。

向两个相反的方向拉紧这两组绳子，显然，完成这个动作就是要把两个膝盖捆在一起。

（12）此时，魔术师的手腕要放在绳子上面，但还必须要用左腿内弯牢牢夹住那两个绳圈。

（13）请左侧的助手按上述方法把魔术师的两个手腕捆在一起。

（14）再请右侧的助手用不透明的布料盖住魔术师的双膝与双腕。

（15）由于那块布料的遮挡，魔术师可以向右侧扭动手腕，左手很自然地就挣脱了。

魔术师伸出左手，调整一下布料的位置，很明显，这个动作则引起了观众们的哄堂大笑。

于是，魔术师迅速把左手缩回到布料下面去，重新钻进捆绑的绳套中，再向左转动手腕即可重新拉紧绳子。

（16）接下来，魔术师请右侧的助手拿掉布料。观众们自然会看见手被牢牢地捆着。为了证明无法逃脱，请左侧的助手在现有的结上再增添一个结。

（17）待打好新结后，请右侧的助手用布料重新盖好。

盖好后，立即按照第16步骤的方法向右侧转动双手。

这一次，魔术师从绳套中抽出了双手，紧接着把它们伸到那块布料上面。

在又一阵哄堂大笑之中，您让自己的左腿放开那两个绳索圈套，马上隔着布料抓住绳子，把它们举起来。

这时绳子已经完全失去了作用，显然，魔术师的双手与双腿好像是穿越了绳子的束缚，得到了自由。

（18）魔术师开心地站起来，随手把绳子与布料扔到椅子上面，接下来，向助手致谢，祝贺他们齐心配合，助您演出成功，同时，欢送他们走下舞台。

这个魔术也就结束了。

18．门后站的是谁

这个魔术节目是现今比较流行的幻象魔术，适合在大型的剧院里表演，还可以成为欢快的魔术表演的重要组成部分。

表演开始时，可能会需要几个助手，才能把所需要的道具搬到舞台上。

于是，魔术师打开一扇门时，要向观众们证明门里面是空的。

在这个节目里，整个幻象道具减少到了最低的程度，即只有一扇门，一副门框和一幅门帘。

其特点在于道具的制作简单，表演起来比较方便，然而，表演效果却相当出色。也许一越是简单的道具，就越能够带来精彩的表演。

效果

在舞台上放一个木质门框，上面装有一扇普通的门。其中一位助手拉开这扇门，把上面挂的一幅门帘显露出来。把门帘拉开后，助手走进门框，又从门框里面退了出来。

这时，观众们都看清楚了里面是空的，只是一扇普通的门。

接着，这位助手放下手中的门帘，并把门关好，恢复到原来的样子。

就在这时，从门的另一侧传来了敲门声。

惊奇的事情也就出现了，那位助手打开门后，只见魔术师站在了门的另一边，全场观众无不感到震惊。

揭秘

（1）此节目的道具比较简单，制作也相当容易。

这只是一扇普通的大门，它的后侧增加了底盘，使得门更加稳定。

一幅门帘从门框的顶部垂落下来，但是，它并不会影响到整个门的开启与闭合。

整个门帘具有高度合适，也就是说要下垂到地板上。只有这样，才能够在开门后避免观众们发现门帘后面的"内幕"。

（2）安装在后面的三角形支脚可以保证门帘处于直立状态，还可以防止门框的摇晃。

表演

①开始表演时，整个门与门帘是关闭的。魔术师要站在门框底盘的后侧，也就是门帘的后面。

②此时，助手应站在门框前面，把门打开。然而，魔术师就站在了门帘的后面。

③待助手打开门后，魔术师应迅速地移至新的位置，也就是藏在门的背后。

这时，那位助手穿过门框，钻入门帘。要求魔术师和助手的动作一致。

注：要配合得更加默契，还需要两人多加练习。

④助手迅速拉开门帘。

⑤从观众的角度看，门里是空的。那位助手迅速穿过空门道，马

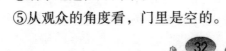

上又转过身来面对观众，说明门框里没有任何变化。

这时，助手不可向您所在的地方望去。这是非常重要的。

片刻，那位助手便返回，随手拉好门帘。

⑥此时，魔术师也迅速返回了原来的位置，即藏在了门帘后面。

⑦同时，助手离开门框，伸手关上门。待听到关门的声音后，魔术师迅速掀开门帘，开始用力敲门。

⑧在敲过门后，助手立即打开门。

⑨这时，魔术师便从门框里走出来了，同时向观众做一个漂亮的动作并致意。

最后，表演也就宣告结束。

第二节 猜谜学习训练

1. 无中生有谜语

无中生有谜语即谜面为一张或数张空白无字的纸，"不着一字"的灯谜。

这类空空如也的谜乍看上去荡然无物，似乎令人很难下手，其实只要我们摸准它的诀窍，从"空"、"白"、"无"等方面去琢磨，这闷葫芦便不难打破。

例如："一张空白的纸条，当谜条悬挂着"，打《西游记》中一人名，谜底则为"悟空"；打一食品名，谜底就是"光面"；用"粉颈格"（即谜底第二字为谐声字）打一中药名，谜底当作"白芷"（纸）。

"悬着两张空白纸条"，打唐诗《长恨歌》中的一句，谜底为"两处茫茫皆不见"。"连贴出七张空白纸条"，打一字，谜底则是"皂"字，而且这则谜的谜底和谜面一黑（皂）七白，相映成趣。

除了白纸的"不着一字"灯谜外，另有使用颜色纸的无文谜。曾有人以一张空白的红纸条，打一中药名，谜底为"一片丹"。

2. 金蝉脱壳谜语

这类灯谜，运用了谜底中文字互相抵消的办法，使得谜底和谜面*丝丝*入扣。

如"坍"（打二花卉名），谜底为"牡丹、牵牛"，牡丹去掉牛即成"坍"字了。

这类"金蝉脱壳"的谜语有个特点，那就是其谜底中必定隐藏着"无"、"少"、"去"、"空"、"失"、"没"等表示抵消的字和词，只要我们掌握这个特点，猜起来就容易得多。如："妇女解放翻了身"（打俩中药名），谜底是"山药、没药"。"山药"之中没有"药"字，恰成"山"字，以扣谜面（"妇"里"女"字解放，再翻个身即为"山"）。

"金蝉脱壳"的方法当然不只限于在谜底之中使用，谜面上也可使用。如："大油田出油"（打一字），谜底是"奋"。谜面五个字中"油、出油"互相消除，仅有"大田"来射"奋"字。这种谜颇似"明修栈道，暗渡陈仓"，谜味盎然，煞是有趣。

3. 欲擒故纵谜语

这类谜，作者在谜面上罗列人们习惯组合在一起的词句，却故意将其中的一个漏写，卖个破绽，看猜者能否觉察。

例如有一旧谜："金、银、铜、铁"（打我国一地名），谜底为"无锡"。这谜若从字面上寻思，无法破的。反过来从"五金"俗称"金、银、铜、铁、锡"为"五金"上想，就会发现漏了个"锡"，"无锡"就猜出了。这类谜的一个共同特点，是在一些约定俗成的同类词排比罗列时漏去其中一个，因此，就要当心谜面中有没有"故纵"的字眼，如有的话，紧追漏词不放，细加琢磨，准能射中。

如谜面是"红、橙、绿、蓝、紫"（打一成语），我们就只有从"光谱"中的七种颜色去猜了。列举了五种，尚缺"青黄"二色，从这上面想去，谜底便不难猜出了，是"青黄不接"。

还有在常用的数字中漏去一字的，如"壹、贰、叁、肆、伍、陆、柒、捌、玖"（打中国一古典小说）。请注意这里都是大写的数字，中间遗忘了个"拾"，谜底当是"拾遗记"。

有人还将数学符号拉来入谜。如"＋－＋"（徐妃格）（打一作家名），谜底是"艾芜"，即去掉偏旁部首，以"×无"相加，此谜另辟蹊径，饶有风味。

当然，有时候作者漏掉几个词，你就要特别留心，从谜面上搜索，勿被瞒过。

猜这类谜还有一个诀窍，就是这些谜的谜底中总离不开表示没有（如无、少、缺、欠、遗、失等）意义的字，将谜面中漏去的词再加上上述的字，就是你猜的谜底了。

4. 抛砖引玉谜语

这类谜语是面底互应，承上启下，而不是会意体，往往对诗词类较适合，往往是写出一些名句的上句，要猜的人依此推出下句的含义，再思索成谜底。

如用李白《送汪伦》中的"桃花潭水深千尺"打一成语，谜底是"无与伦比"。因该诗下句是"不及汪伦送我情"，以再没有比汪伦对我的情深的意思，烘托出谜底。

除了诗外，用词的也常有之。以李清照的《如梦令》句"试问卷帘人"为谜面，打一纺织品名，谜底是"花呢"。这词从下半阕的词意中，我们获知作者在问卷帘人庭院之花怎样了？所以这里的谜底应理解为疑问口气"花呢?"

猜这类"承上启下"的灯谜，就要求猜者熟读古典诗词，见此及彼，得心应手地解开谜底。

又如："白日依山尽"为面（打我国一足球名将），下句定为"黄河入海流"，不正是"黄向东"之意么，谜底就水到渠成了。

5. 瞒天过海谜语

这类谜语是将字、物扭转成不同的角度后而成谜面。

如：把"夫"写颠倒为"¥"（打一曲艺形式），谜底为"二人转"。这个"转"字活化出谜面的神态，有趣极了。

根据"辗转反侧"的程度不同，我们可得出不同谜底来：如"X"（打一京剧名），因为它是个"十"字倾如斜坡，故谜底当是"十字坡"。

由于这种谜是将谜面上的字故意"辗转反侧"，因此谜底总离不开"倒"、"颠"、"反"、"转"、"侧"、"歪"、"斜"等意义，如果我们明了这一点，猜起它来就八九不离十了。

6. 迷魂阵谜语

此类谜语往往加注有迷惑人的说明：如在谜面旁加注着一些诸如"此谜出丑"、"此谜见不得人"、"此谜请勿见笑"等等自谦之词，或加注鼓励和自诩的词或话，你可千万别以为这是作者虚怀若谷，须知这正是在故布疑阵，切莫被其瞒过。因此，我们猜谜的时候，尚需将这些自谦鼓励之词也算作谜面的一个组成部分去动脑筋，才有可能猜中谜底。

如："空欢喜"（打一战国人名）注有"此谜见不得人"，谜底为"伯乐"。"见不得人"，即是将谜底中"伯"去掉"人"，剩下"白乐"来扣合谜面。

添有鼓励字眼的。

如："一伙懒汉"（打一成语）注有"此谜用心便能猜中"，谜底为"各不相干"。"用心便能猜中"意为用上一个心字，此谜便迎刃而解了，使谜底从"各不相干"变成"各不想干"，不正是谜面"一伙

37

懒汉"的写照吗？这种不露痕迹的鼓励话儿，也不能忽视。

加注自诩词话的是乍看之下，好像制谜者在用"激将法"向猜谜者挑战，其实这也是迷魂阵，也该将这些自诩词作为谜面的一个组成部分，去推敲出谜底来。

如："陕西姑娘"（打词牌名一），注有"此谜休想猜出"，谜底是《忆秦娥》。"休想猜出"四字是交代不要"想"（即"忆"字）才能猜出，就留下"秦娥"来紧扣"陕西姑娘"谜面了。

任凭制谜者怎样巧设疑阵，只要我们懂得附加的字句皆为谜面不可分割的一部分，据此细加思索，这些迷阵是不难被破掉的。

7. 连环计谜语

即字词或物重写或重放置。

如："爸爸"（打一清代著名学者名），谜底是"严复"。爸即为家严，"爸爸"二字为严复。

"叠字谜"大多在谜底中隐藏着数字，而这个数字与谜面叠字的多少有关，只要掌握这个关键，破谜也就不难了。

如："泳泳泳泳泳泳"（打一宋代诗人名），谜底为"陆游"。

但"叠字谜"并不是千篇一律的，如果让谜面来个转折，那么就显得有趣曲折了。

如："袭袭袭袭袭袭袭袭袭袭袭袭"（打一京剧名）。十二要看做一"打"，袭字即龙衣，故而谜底是"打龙袍"。

8. 人物类谜语

大热天吃雪糕。（打一现代名人）

（谜底：冰心）

川币。（打一现代名人）

（谜底：巴金）

绿化北京城。（打一名著人物）

（谜底：燕青）

黑棋输了。（打一名著人物）

（谜底：白胜）

正是寒风凛冽时。（打一名著人物）

（谜底：方腊）

疏于练功。（打一名著人物）

（谜底：武松）

春秋半部，日月同辉。（打一名著人物）

（谜底：秦明）

五颜六色红为尊。（打一名著人物）

（谜底：朱贵）

孔雀收屏。（打一名著人物）

（谜底：关羽）

凿壁借光。（打一名著人物）

（谜底：孔明）

四面屯粮。（打一名著人物）

（谜底：周仓）

普降甘霖。（打一名著人物绰号）

（谜底：及时雨）

僧穿彩衣。（打一名著人物绰号）

（谜底：花和尚）

单刀赴会。（打一名著人物）

（谜底：关胜）

询问年龄。（打一历史人物）

（谜底：盘庚）

劳动竞赛。（打一历史人物）

（谜底：比干）

忽然痊愈。（打一历史人物）

（谜底：霍去病）

爷爷打先锋。（打一历史人物）

（谜底：祖冲之）

和尚代表团。（打一历史人物）

（谜底：僧一行）

禁止放羊。（打一历史人物）

（谜底：杜牧）

读完小学进中学。（打一中国古代科学家）

（谜底：毕升）

挟泰山以越北海。（打一历史人物）

（谜底：岳飞）

大地旅行。（打一历史人物）

（谜底：陆游）

住屋免交租金。（打一古代作家）

（谜底：白居易）

千里驹长跑。（打一古代词作家）

（谜底：马致远）

按时上工。（打一中国古代历史人物）

（谜底：班固）

报捷。（打一中国古代历史人物）

（谜底：陈胜）

唐代通宝。（打一中国古代历史人物）

（谜底：李时珍）

原来很牢固。（打一历史人物）

（谜底：曾巩）

踏雪寻梅。（打一名著人物）

（谜底：探春）

辞岁之后。（打一名著人物）

（谜底：迎春）

9. 地理类谜语

双喜临门。（打一地名）

（谜底：重庆）

一路平安。（打一地名）

（谜底：旅顺）

倾盆大雨。（打一地名）

（谜底：天水）

银河渡口。（打一地名）

（谜底：天津）

宝树丛丛。（打一地名）

（谜底：吉林）

东南北。（打一地名）

（谜底：西藏）

相差无几。（打一地名）

（谜底：大同）

船出长江口。（打一地名）

（谜底：上海）

江淮河汉。（打一地名）

（谜底：四川）

四季温暖。（打一地名）

（谜底：长春）

带枪的男人。（打一地名）

（谜底：武汉）

41

风平浪静。（打一地名）

（谜底：宁波）

两个胖子拥抱（打一地名）

（谜底：合肥）

春水碧如蓝。（打一地名）

（谜底：青海）

永不动乱。（打一地名）

（谜底：长治）

觉醒了的土地。（打一地名）

（谜底：苏州）

春城无处不飞花。（打一地名）

（谜底：锦州）

花满海湾。（打一地名）

（谜底：香港）

两个山头。（打一地名）

（谜底：双峰）

水陆要塞。（打一地名）

（谜底：山海关）

食盐增产。（打一地名）

（谜底：咸丰）

黄河解冻。（打一地名）

（谜底：江苏）

重男轻女。（打一地名）

（谜底：贵阳）

红山（打一地名）

（谜底：赤峰）

大家都笑你。（打一地名）

（谜底：齐齐哈尔）

夸夸其谈。（打一地名）

（谜底：海口）

不冷不热的地方。（打一地名）

（谜底：温州）

日近黄昏。（打一地名）

（谜底：洛阳）

拆信。（打一地名）

（谜底：开封）

刚建成的村庄。（打一地名）

（谜底：新乡）

东、西、北三面围上挂。（打一地名）

（谜底：南通）

八月飘香香满园。（打一地名）

（谜底：桂林）

永久和平。（打一地名）

（谜底：长安）

千里戈壁。（打一地名）

（谜底：长沙）

空中码头。（打一地名）

（谜底：连云港）

快乐之地。（打一地名）

（谜底：福州）

泰山之南。（打一地名）

（谜底：岳阳）

珍珠港。（打一地名）

（谜底：蚌埠）

烽火哨。（打一地名）

（谜底：烟台）

10. 地名类谜语

大江东去。（打一中国地名）

（谜底：上海）

一路平安。（打一中国地名）

（谜底：旅顺）

风平浪静。（打一中国地名）

（谜底：宁波）

永久太平。（打一中国地名）

（谜底：长安）

蓝色之洋。（打一中国地名）

（谜底：青海）

兵强马壮。（打一中国地名）

（谜底：武昌）

重男轻女。（打一中国地名）

（谜底：贵阳）

金银铜铁。（打一中国地名）

（谜底：无锡）

东方有战事。（打一中国地名）

（谜底：西安）

滚滚江水。（打一中国地名）

（谜底：热河）

航空信。（打一中国地名）

（谜底：高邮）

胖子开会。（打一中国地名）

（谜底：合肥）

主席就位。（打一中国台湾地名）

（谜底：台中）

空中霸王。（打一中国台湾地名）

（谜底：高雄）

万事太平。（打一中国台湾地名）

（谜底：永和）

风光明媚。（打一中国台湾地名）

（谜底：景美）

学府之地。（打一中国台湾地名）

（谜底：士林）

饮水思源。（打一中国台湾地名）

（谜底：知本）

二爷过江。（打一中国台湾地名）

（谜底：关渡）

怀胎十月。（打一中国台湾地名）

（谜底：大肚）

开张大吉。（打一中国台湾地名）

（谜底：新店）

初次开业。（打一中国台湾地名）

（谜底：新营）

笋。（打一中国台湾地名）

（谜底：新竹）

玉皇太后。（打一中国台湾地名）

（谜底：天母）

直上九重天。（打一中国台湾地名）

（谜底：通宵）

山在虚无缥缈间。（打一中国台湾地名）

（谜底：雾峰）

四季长青。（打一中国台湾地名）

45

（谜底：恒春）

百姓威武。（打一中国台湾地名）

（谜底：民雄）

举头望明月。（打一世界地名）

（谜底：仰光）

仙人所居。（打一世界地名）

（谜底：神户）

没有女人的地方。（打一世界地名）

（谜底：汉城）

约在清晨。（打一世界地名）

（谜底：约旦）

尘土落满身。（打一世界地名）

（谜底：埃及）

志在发财。（打一世界地名）

（谜底：意大利）

动脑发财。（打一世界地名）

（谜底：智利）

11．字词类谜语

休要丢人现眼。（打一字）

（谜底：相）

书香门第。（打一字）

（谜底：闽）

镜中人。（打一字）

（谜底：人）

元旦。（打一字）

（谜底：明）

46

平均地权。（打一字）

（谜底：坐）

我没有他有，天没有地有。（打一字）

（谜底：也）

观不见有鸟飞来。（打一字）

（谜底：鸡）

拱手让人。（打一字）

（谜底：供）

十日谈。（打一字）

（谜底：询）

没有钱。（打一字）

（谜底：钦）

打断念头。（打一字）

（谜底：心）

半推半就。（打一字）

（谜底：掠）

再见。（打一字）

（谜底：扮）

手无寸铁。（打一字）

（谜底：控）

日落香残，洗却凡心一点。（打一字）

（谜底：秃）

火尽炉冷，平添意马心猿。（打一字）

（谜底：驴）

人无信不立。（打一字）

（谜底：言）

飞砂走石。（打一字）

（谜底：少）

九泉之地。（打一字）

（谜底：块）

三口重重叠，莫把品字猜。（打一字）

（谜底：目）

真心相伴。（打一字）

（谜底：慎）

付出爱心。（打一字）

（谜底：受）

心香飘失，闻香无门。（打一字）

（谜底：声）

学子远去，又见归来。（打一字）

（谜底：觉）

部位相反。（打一字）

（谜底：陪）

阎罗王。（打一字）

（谜底：瑰）

太阳王。（打一字）

（谜底：旺）

四退八进一。（打一字）

（谜底：日）

孔子登山。（打一字）

（谜底：岳）

刀出鞘。（打一字）

（谜底：力）

龙袍。（打一字）

（谜底：裙）

大口多一点。（打一字）

（谜底：吠）

因小失大。（打一字）

（谜底：口）

独窗花下人，有情却无心。（打一字）

（谜底：倩）

日复一日。（打一字）

（谜底：昌）

一夜又一夜。（打一字）

（谜底：多）

人我不分。（打一字）

（谜底：俄）

连体婴。（打一字）

（谜底：夫）

十女同耕半边田。（打一字）

（谜底：妻）

算命先生。（打一字）

（谜底：仆）

徒弟。（打一字）

（谜底：们）

12. 成语类谜语

百花齐放。（打一成语）

（谜底：万紫千红）

足不离松土。（打一成语）

（谜底：脚踏实地）

五句话。（打一成语）

（谜底：三言两语）

弃文就武。（打一成语）

（谜底：投笔从戎）

49

品。（打一成语）

（谜底：三缄其口）

上林垂钓。（打一成语）

（谜底：缘木求鱼）

四。（打一成语）

（谜底：欲罢不能）

静候送礼人。（打一成语）

（谜底：待人接物）

空袭警报。（打一成语）

（谜底：一鸣惊人）

动物做标本。（打一成语）

（谜底：装模作样）

鱼尾纹。（打一成语）

（谜底：近在眉睫）

掠。（打一成语）

（谜底：半推半就）

反刍。（打一成语）

（谜底：吞吞吐吐）

寸步不离。（打一成语）

（谜底：如影随形）

铁公鸡。（打一成语）

（谜底：一毛不拔）

顺航。（打一成语）

（谜底：一路平安）

百米赛跑。（打一成语）

（谜底：争先恐后）

做了皇帝想成仙。（打一成语）

（谜底：贪心不足）

哑巴吵架。（打一成语）

（谜底：有口难言）

门庭若市。（打一成语）

（谜底：车水马龙）

三十六计皆用尽。（打一成语）

（谜底：无计可施）

坐收渔翁之利。（打一成语）

（谜底：不劳而获）

杀鸡取蛋。（打一成语）

（谜底：得不偿失）

爬楼梯。（打一成语）

（谜底：步步高升）

蛀书虫。（打一成语）

（谜底：咬文嚼字）

言多心失。（打一成语）

（谜底：祸从口出）

喜获双胞胎。（打一成语）

（谜底：一举两得）

万年青。（打一成语）

（谜底：长生不老）

孕妇过独木桥。（打一成语）

（谜底：挺而走险）

只骗中年人。（打一成语）

（谜底：童叟无欺）

九千九百九十九。（打一成语）

（谜底：万无一失）

细菌开会。（打一成语）

（谜底：无微不至）

心无二用。（打一成语）

（谜底：一心一意）

导游。（打一成语）

（谜底：引人入胜）

律师贪污。（打一成语）

（谜底：知法犯法）

垃圾当肥料。（打一成语）

（谜底：废物利用）

阎王爷写日记。（打一成语）

（谜底：鬼话连篇）

潜艇攻击。（打一成语）

（谜底：沉着应战）

哥哥怕弟弟。（打一成语）

（谜底：后生可畏）

卷。（打一成语）

（谜底：手不释卷）

八仙过海。（打一成语）

（谜底：各显神通）

姜太公钓鱼。（打一俗语）

（谜底：愿者上钩）

泥菩萨过江。（打一俗语）

（谜底：自身难保）

肉包子打狗。（打一俗语）

（谜底：有去无回）

狗拿耗子。（打一俗语）

（谜底：多管闲事）

螃蟹过河。（打一俗语）

（谜底：七手八脚）

13. 事物类谜语

姊妹排排，露水飘飘，黄带捆腰。（打一劳动方式）

（谜底：拔秧）

上层人露身不开口，下层人开口不露身。（打一文艺形式）

（谜底：木偶戏）

面朝泥水背朝天，手执仙花水面点，由青变黄生珠粒，由黄变白可卖钱。（打一劳动形式）

（谜底：插秧）

铁底铁面，泥底泥面，将军把舵，一对蜡烛向前。（打一劳动形式）

（谜底：犁田）

四四方方一块地，搭起台子就唱戏：

头一出唱的是开花结果，

二一出唱的是刀砍王义，

三一出唱的是王义鬼水，

四一出唱的是小鬼剥皮。（打一劳动形式）

（谜底：剥麻）

黄河一道沟，沟里水不流，拉纤的说肚子饿了，掌舵的说饭还没有熟。（打一劳动形式）

（谜底：碾米）

砍头便砍头，却不教你死，

抛却亲生男，却爱过房子。（打一绿化用语）

（谜底：接枝）

一只大狗，站着不走，

吃了羊毛，会撒黑豆。（打一劳动形式）

（谜底：轧棉）

白狗上炕，越打越胖。（打一劳动形式）

（谜底：弹棉）

小小白玲珑，爬山过岭制衣裳，

穿得衣裳来洗浴，洗得浴来脱衣裳。（打一劳动形式）

（谜底：漂丝）

四角方方，皮纸糊窗，戳出金鸡，飞出凤凰。（打一手工工艺）

（谜底：刺绣）

身穿绿袍太清闲，月娥小姐关暗房，

三娘挑水去浇花，生尾脱壳众人尝。（打一制菜工艺）

（谜底：孵绿豆牙）

四条木柱起高楼，百万将军在里头，

但得姑娘送饮料，百万将军抬起头。（打一农业养殖）

（谜底：饲蚕）

小小一座紫禁城，千兵万马守城门，

有朝一日强人至，劫尽粮草无半分。（打一农业养殖）

（谜底：取蜜）

五指领兵到长沙，长沙兵马乱如麻，

炮火闪闪打一仗，个个累得张嘴巴。（打一烹调现象）

（谜底：炒豆）

白面书生进考场，点着红烛挑文章，

文章挑得个个好，未知哪个先出场。（打一动物现象）

（谜底：孵鸡）

妈妈有眼，爸爸有眼，

养下儿子没有眼，吓得妈妈乱叫喊。（打一动物现象）

（谜底：鸡下蛋）

远看太公钓鱼，近看安丹送米，

去时王乐操练，回来韩信点兵。（打一生活现象）

（谜底：放鸭）

手提长枪，肩背药箱，

只道是走方郎中，岂知是送命先生。（打一生活现象）

（谜底：叉鱼）

竹家与线家结亲，铁家戳杀蚯家人，

胡子来通信，鱼家来抵命。（打一生活现象）

（谜底：钓鱼）

14. 自然类谜语

一个勤俭老公公，天一明亮就上工，

有朝一日不上工，不是下雨就刮风。（打一自然现象）

（谜底：太阳）

有时落在山腰，有时挂在树梢，

有时像面圆镜，有时像把镰刀。（打一自然现象）

（谜底：月亮）

金圆盒，银圆盒，满天下只有两个。（打一自然现象）

（谜底：日和月）

青石板，板石青，青石板上钉银钉。（打一自然现象）

（谜底：星星）

一只老鸡，引一群小鸡，

晚上从门前过，天明不见一个。（打一自然现象）

（谜底：月和星）

水皱眉，树摇头，花儿见它鞠躬，云儿见它逃走。（打一自然现象）

（谜底：风）

一根竹竿细又细，上接天来下接地，

既不能晒衣，也不能拿起。（打一自然现象）

（谜底：雨）

远看似珍珠，近看像玛瑙，

我去拿不来，你去也白跑。（打一自然现象）

（谜底：露）

高高山上一堆灰，千把锄头挖不开。（打一自然现象）

（谜底：雾）

老大，老大，为啥穿衣裳？
太阳出来了，脱了吧！（打一自然现象）

（谜底：霜）

一片一片又一片，二片三片四五片，
六片七片八九片，飞入芦花都不见。（打一自然现象）

（谜底：雪）

冬种冬收，夏种不收，光秆无叶，根在上头。（打一自然现象）

（谜底：冰棱）

红公鸡，绿梢尾，展展翅，一千里。（打一自然现象）

（谜底：闪电）

一只牛，大脊头，撒尿两边流。（打一自然现象）

（谜底：屋上流水）

谜语谜语给你猜，快刀切不断，剪刀剪不开。（打一自然名称）

（谜底：水）

远看是个钟，近看里头空，称它没四两，拿又拿不动。（打一自
然现象）

（谜底：水泡）

灶台上，一棵树，十个人，搂不住。（打一自然现象）

（谜底：蒸汽）

世上有一宝，谁都离不了，看也看不见，
摸也摸不到，要问它生哪，就在身边找。（打一自然名称）

（谜底：空气）

微微细，细细微，弗生翅膀也会飞。（打一自然名称）

（谜底：灰尘）

住在深山坳，谁也捉不到。（打一自然现象）

（谜底：回声）

天样大，地样阔，壁缝里，钻得过。（打一自然名称）

（谜底：光）

小时针眼大，大时满山坡，
能过千山万岭，不能越过小河。（打一自然名称）

（谜底：火）

扭扭捏捏出门台，出了门台水不来，
我见主人很快活，主人见我泪哀哀。（打一自然名称）

（谜底：烟）

生来如玉配成双，二人双双到他乡，
日出东楼渐渐短，日落西山渐渐长。（打一自然现象）

（谜底：人影）

重重叠叠上瑶台，几度呼童扫不开，
刚被太阳收拾去，却教明月送将来。（打一自然现象）

（谜底：花影）

清清楚楚一幅画，有树有草也花有，
别处花草梢朝上，此处花草梢朝下。（打一自然现象）

（谜底：水中倒影）

水中它不觉，火中它不燃。（打一自然名称）

（谜底：冰）

15．建筑类谜语

生在青山石崖，死在大路旁边，
有能者平安通过，无能者埋怨爹娘。（打一建筑用语）

（谜底：路碑）

远望一个圈，半个湿来半个干。（打一建筑用语）

（谜底：桥）

说是屋，不是屋，有门没窗户。（打一建筑用语）

（谜底：窑）

老大老大，四脚发跨，

嘴里吃人，肚里说话。（打一建筑用语）

（谜底：屋）

千补钉，万补钉，补钉搭补钉。（打一建筑用语）

（谜底：屋上瓦片）

住在盐州盐县，一生到老挑盐，

不知盐轻盐重，不知盐咸盐淡。（打一建筑用语）

（谜底：屋檐头）

大四方，小四方，没有它，闷得慌。（打一建筑名称）

（谜底：窗户）

平平亮亮一堵墙，墙里墙外可相望。（打一建筑名称）

（谜底：玻璃窗）

一个老头九十九，天天夜晚插着手。（打一建筑名称）

（谜底：门）

木头枕头木头被，木头老头里边睡，

鸡叫了，狗咬了，木头老头吓跑了。（打一建筑名称）

（谜底：门闩）

进来时，握握手，出去时，握握手。（打一建筑名称）

（谜底：门把）

俺家有匹马，人人过来要骑它。（打一建筑名称）

（谜底：门槛）

一只老水牛，尾巴竖在屋上头，

稻草吃了千万担，肚里不生一滴油。（打一建筑名称）

（谜底：灶）

高大汉，黑心肠，猜得着，给你糖。（打一建筑名称）

（谜底：烟囱）

兄弟原来共一胎，出胎以后到阴间，

丙寅丁卯炉中火，火里跳出上高台。（打一建筑名称）

（谜底：瓦）

一母生二胎，落地就分开，

进了红莲寺，穿出蓝衫来。（打一建筑名称）

（谜底：砖）

千锤万凿出深山，烈火焚烧若等闲，

粉身碎骨浑不怕，要留清白在人间。（打一建筑名称）

（谜底：石灰）

头戴尖尖铁帽，身穿八角龙袍，

四面无依无靠，狂风吹它不倒。（打一建筑名称）

（谜底：塔）

有腿不能行，张嘴翻眼睛，

日在门外坐，百岁不成亲。（打一建筑名称）

（谜底：石狮）

远望威武成林，近看骡马成群，

问着谁家故事，近看一字分明。（打一建筑名称）

（谜底：牌坊）

一貌堂堂，两眼无光，

三餐弗进，四肢无力，

五毛不齐，六亲无靠，

七窍弗通，八面威风，

九九归原，实在无用。（打一建筑名称）

（谜底：神像）

有嘴不出气，有腿不挨地，

白天在屋里，黑了撑出去。（打一建筑名称）

（谜底：门神）

16. 人体类谜语

小时四只腿，长大两只腿，老了三只腿。（打一名称）

（谜底：人）

在家三百日，出外不思家，
脱了红袍袄，换过青罗纱。（打一人体现象）

（谜底：胎儿）

人在我肚里，我在人肚里，
人不在我肚里，我不在人肚里。（打一人体名称）

（谜底：胎衣）

天下一丛草，地下一对灯，
灯下一个墓，墓下一个塘，
塘下一个鼓，鼓下一对两叉橹。（打一名称）

（谜底：人体）

高高山上一堆草，草底下有一对宝，
宝底下有一座坟，坟底下面开大门。（打一人体部位）

（谜底：头）

高高山顶一蓬葱，日日早晨铲一通。（打一人体名称）

（谜底：头发）

一丝丝，黑漆漆，不问亲生的，
也不问买来的，打扮起来总是一样的。（打一人体名称）

（谜底：发辫）

高高山上一捆柴，插入扁担没人抬。（打一人体名称）

（谜底：发髻）

起小大，长大小，长着长着没有了。（打一人体名称）

（谜底：小孩囟门）

高高山下种韭菜，不稀不密刚两排。（打一人体名称）

（谜底：眉毛）

日里忙忙碌碌，夜里茅草盖屋。（打一人体名称）

（谜底：眼）

左边宫娥一把扇，右边宫娥一把扇，
中间隔着皇后娘娘不得见。（打一人体名称）

（谜底：耳朵）

脊背朝天，两眼问地，
真猜不着，指指自己。（打一人体名称）

（谜底：鼻）

红门楼，白粉墙，里面坐个红娘娘。（打一人体名称）

（谜底：口）

半山有个瓦窑，里面铺个红布条。（打一人体名称）

（谜底：舌）

同胞兄弟三十多，先生弟弟后生哥，
当门抵户弟弟去，进了内门靠哥哥。（打一人体名称）

（谜底：牙）

上海有座大洋桥，走过东西多多少，
只好看看勿好留，留点下来实难熬。（打一人体名称）

（谜底：咽喉）

韭菜种在红膛坝，根向上，
叶向下，早晚浇水不开花。（打一人体名称）

（谜底：胡须）

一朵鲜花双蕊头，无根无叶过春秋，
虽然不是盘中果，充得饥来免得忧。（打一人体名称）

（谜底：乳）

一棵树，五个丫，不长叶子不开花。（打一人体名称）

（谜底：手指、手）

看不出，摸得出，

等到摸不出，大家眼泪出。（打一人体名称）

（谜底：脉搏）

站着没头，蹲着有头，
背在前头，肚在后头。（打一人体名称）

（谜底：小腿）

十个和尚，分居两旁，
日同行路，夜同卧床。（打一人体名称）

（谜底：脚趾）

天上不生它，地下不养它，
吃它不见它，见它不吃它。（打一人体现象）

（谜底：唾液）

两只小白狗，趴在洞门口，
一声呼，回转头。（打一人体现象）

（谜底：鼻涕）

非酒非水非清泉，不是雨露到人间，
时有时无人常见，日晒不干月炙干。（打一人体现象）

（谜底：汗）

头大尾尖，下地出烟。（打一人体现象）

（谜底：屎）

一搓两头尖，猜着是神仙。（打一人体现象）

（谜底：汗垢）

17. 动物类谜语

两盏灯，两把钻，四把铁锤两把扇。（打一动物名称）

（谜底：牛）

一个小肉瓢，里外长红毛，
谁要把它撞，赶紧摇几摇。（打一动物名称）

（谜底：牛耳朵）

不打它自己扁，

不磨它自己尖，

不漆它自己黑。（打一动物身体部位）

（谜底：牛角）

南场头一个破毡帽，

拾拾看，无人要。（打一动物现象）

（谜底：牛粪）

你坐我不坐，我行你不行，

一夜坐到大天明。（打一动物名称）

（谜底：马）

一物生来力量强，又有爹来又有娘，

有爹不跟爹一姓，有娘不和娘一样。（打一动物名称）

（谜底：骡）

腰粗尾巴细，一身黑毛衣。（打一动物名称）

（谜底：猪）

小小年纪，胡子满把，

客人来到，喊声妈妈。（打一动物名称）

（谜底：羊）

站着没有坐着高，一年四季穿皮袄。（打一动物名称）

（谜底：狗）

脚穿软底靴，口边出胡须，

夜里当巡捕，日里念弥陀。（打一动物名称）

（谜底：猫）

泥屋泥墙头，子子孙孙做贼头。（打一动物名称）

（谜底：老鼠）

形状像老鼠，生活像猴子，

爬在树枝上，忙着采果子。（打一动物名称）

（谜底：松鼠）

头戴两棵珊瑚树，身穿一领梅花衣，
移动一双金莲步，跑上山去快如飞。（打一动物名称）

（谜底：鹿）

头像绵羊颈像鹅，不是牛马不是骡，
四脚虽长跑不快，南方少来北方多。（打一动物名称）

（谜底：骆驼）

头上两把大扇子，嘴上一根长钩子，
脚象四根粗柱子，尾巴像根小辫子。（打一动物名称）

（谜底：象）

远远看去好似猫，行近看清连忙跑。（打一动物名称）

（谜底：虎）

不是狐，不是狗，前面架着铡刀，
后面拖把扫帚。（打一动物名称）

（谜底：狼）

那边来个嘴尖尖，不卖别的卖钢针。（打一动物名称）

（谜底：刺猬）

一朵芙蓉颈上栽，战衣不用剪刀裁，
虽然不比英雄将，唱得千门万户开。（打一动物名称）

（谜底：公鸡）

出身黄苍苍，老来白如霜，
头顶红色帽，一路叫补缸。（打一动物名称）

（谜底：鹅）

嘴像小铲子，脚像小扇子，
走路晃膀子，水上划船子。（打一动物名称）

（谜底：鸭）

行也是立，立也是立，
坐也是立，卧也是立。（打一动物名称）

（谜底：鹤）

黑补钉，白补钉，站枝头，唱五更。（打一动物名称）

（谜底：喜鹊）

18. 植物类谜语

长生不老。（打一植物）

（谜底：万年青）

生在山中，颜色相同，来到人间，有绿有红。（打一植物）

（谜底：茶叶）

小小一姑娘，坐在水中央，身穿粉红袄，阵阵放清香。（打一植物）

（谜底：荷花）

泥里一条龙，头顶一个蓬，身体一节节，满肚小窟窿。（打一蔬菜名称）

（谜底：莲藕）

小时头青青，老来发白白，远看似棉花，风来起白浪。（打一植物）

（谜底：芦苇）

麻壳子，红里子，裹着白胖子。（打一植物）

（谜底：花生）

高高绿骨筋儿，圆圆金黄脸，最爱向太阳，盈盈笑不停。（打一植物）

（谜底：向日葵）

样子像元宝，外壳黑又硬，生长在水里，秋来大采收。（打一植物）

（谜底：菱角）

不是桃树却结桃，桃子里面长曲毛，到了秋天桃熟了，只见白

65

毛不见桃。（打一植物）

（谜底：棉花）

一个孩子生得好，衣服穿了七八套，头上戴着红缨帽，身上装着珍珠宝。（打一粮食作物）

（谜底：玉米）

白公鸡，绿尾巴，一头钻进泥底下。（打一蔬菜名称）

（谜底：萝卜）

白如玉，穿黄袍，只有一点大，都是宝中宝。（打一粮食作物）

（谜底：稻子）

小时能吃味道鲜，老时能用有人砍，虽说不是刚和铁，浑身骨节压不弯。（打一植物）

（谜底：竹子）

四季青，巴掌大，用手摸，毛虫扎。（打一植物）

（谜底：仙人掌）

牵藤藤，上篱笆，藤藤开花像喇叭，红喇叭，白喇叭，太阳出来美如画。（打一植物）

（谜底：牵牛花）

说他是棵草，为何有知觉，轻轻一碰他，害羞低下头。（打一植物）

（谜底：含羞草）

有根不着地，绿叶开白花；到处去流浪，四海处处家。（打一植物）

（谜底：浮萍）

头上青丝如针刺，皮肤厚裂像龟甲；越是寒冷越昂扬，一年四季精神好。（打一植物）

（谜底：松树）

身穿着蓑衣，肉儿香又甜，要脱去那蓑衣，就会手儿痒。（打一蔬菜名称）

（谜底：芋头）

一个婆婆园中站，身上挂满小鸡蛋；又有红来又有绿，既好吃来又好看。（打一植物）

（谜底：枣树）

波潋潋，水清清，
水上只只小金铃，睁着许多小眼睛。（打一植物）

（谜底：莲蓬）

小时候是草，大时候是宝，
有了它就安，没有它就吵。（打一粮食作物）

（谜底：稻）

青袍穿了换黄袍，脱出黄袍一粒宝。（打一粮食作物）

（谜底：谷子）

青竹竿，十二节，顶上坐个红关爷。（打一粮食作物）

（谜底：高粱）

青梗、方梗、花茂、叶密，几扇花格子，格格花珠子。（打一油料名称）

（谜底：芝麻）

青梗绿叶开黄花，泥沙底下做人家。（打一油料名称）

（谜底：花生）

方梗子，绿叶子，开的花蝴蝶，结的青茄子。（打一植物名称）

（谜底：蚕豆）

远看一朵花，近看一脸麻。（打一植物名称）

（谜底：向日葵）

一杆小树直又直，没线使用剥它的皮。（打一植物名称）

（谜底：麻）

远看尖尖桃，近看南瓜花，开花又结果，结果又开花。（打一植物名称）

（谜底：棉花）

外面是绿的，破开是红的，吃在嘴里是甜的，吐出来是黑的。（打一水果名称）

（谜底：西瓜）

破房子，烂屋子，嘀哩当啷挂珠子。（打一水果名称）

（谜底：石榴）

头戴破毡帽，身穿大红袍。（打一水果名称）

（谜底：柿子）

红被面，白夹里，十几个兄弟挤一起。（打一水果名称）

（谜底：橘子）

黄金衣，包银条，中间弯弯两头翘。（打一水果名称）

（谜底：香蕉）

嘴歪骨皱，猜到明日下昼。（打一水果名称）

（谜底：桃子）

19. 食品类谜语

两头尖尖白如银，世人无我难做人，
但得有人猜着我，要算世上聪明人。（打一食品名称）

（谜底：米）

土里下种，水里开花，
袋里团圆，案上分家。（打一食品名称）

（谜底：豆腐）

青青似玉女，白白粉娇娘，
连衣跳下水，上来脱衣裳。（打一食品名称）

（谜底：粽子）

从南来群鹅，扑通扑通跳下河，
先沉底，后漂浮。（打一食品名称）

（谜底：饺子）

白糖梅子真稀奇，也没核儿也没皮，

正月十五沿街卖，过了正月没有提。（打一食品名称）

（谜底：元宵）

荤菜夹素菜，双手端上来，

当中有火山，四面都是海。（打一食品名称）

（谜底：火锅）

生在世上嫩又青，死在世上被火熏，

死后还要被水浸，苦命呀苦命。（打一食品名称）

（谜底：茶叶）

生也不好吃，熟也不好吃，

只能一面烧一面吃。（打一生活用品名称）

（谜底：香烟、烟丝）

生在青山林，死在药州城，

尸首都烂光，阴魂来缠人。（打一食品名称）

（谜底：酒）

风华正茂，被刀砍倒，

阎罗王做证，陈屋王担保。（打一食品名称）

（谜底：咸菜）

原从水里生，不敢水里行，

人人都要我，无我事不成。（打一食品名称）

（谜底：盐）

20. 蔬菜水果类谜语

生根不落地，有叶不开花，市场有得卖，园里不种他。（打一蔬菜名称）

（谜底：豆芽）

紫色衣，肉白细，煮过衣儿肉儿都变色。（打一蔬菜名称）

（谜底：茄子）

红灯笼，绿宝盖，十人见了九人爱。（打一水果名称）

（谜底：柿子）

青藤挂满棚，结果像青龙，嫩时当菜吃，老了也有用。（打一蔬菜名称）

（谜底：丝瓜）

红漆桶，地下埋，绿的叶子顶上栽，切开红漆桶，清醋可口好小菜。（打一蔬菜名称）

（谜底：红萝卜）

圆圆脸儿像苹果，又酸又甜营养多，既能做菜吃，又可当水果。（打一蔬菜名称）

（谜底：番茄）

不长计来不生权，叶子顶上开白花，脑袋睡在地底下，胡子长了一大把。（打一蔬菜名称）

（谜底：葱）

千姊妹，万姊妹，同床睡，各盖被。（打一水果名称）

（谜底：石榴）

红关公，白刘备，张飞，三结义。（打一水果名称）

（谜底：荔枝）

黄包袱，包黑豆，尝一口，甜水流。（打一水果名称）

（谜底：梨）

青树节青瓜，青瓜包棉花，棉花包梳子，梳子包豆芽。（打一水果名称）

（谜底：柚子）

不是葱，不是蒜，一层一层裹紫缎。说葱长得矮，像蒜不分瓣。

（谜底：洋葱）

红嘴绿鹦鹉，吃了营养多。（打一蔬菜名称）

（谜底：菠菜）

一个黄妈妈，一生手段辣，老来愈厉害；小孩最怕他。（打一蔬菜名称）

（谜底：姜）

脱下红黄衣，七八个兄弟，紧紧抱一起，酸甜各有味，大家都喜欢。（打一水果名称）

（谜底：橘子）

瘦长的身材，翠绿的皮肤，全身是疙瘩，丑了自己美了别人。（打一蔬菜名称）

（谜底：小黄瓜）

像球样的圆，像血样的红，像珠样的亮，像蜜样的甜。（打一水果名称）

（谜底：樱桃）

21. 器具类谜语

别看名字消极，其实却很积极，
成天忙着劳动，干活特别卖力。（打一农业机械）

（谜底：拖拉机）

一头牛，两个头，
这头喝水那头流。（打一农业机械）

（谜底：抽水机）

小奴在青春，许配祝郎君，
夫妇郊外去，单杀草头军。（打一农业机械）

（谜底：锄头）

一只鹅，弯弯脖，
遍地跑，尽吃草。（打一农业机械）

（谜底：镰刀）

远看一条牛，近看光骨头，
嘴巴吃白米，屁股后糠头。（打一农业用具）

（谜底：扇谷风车）

圆圆脸，方方眼，
一个脸上几百只眼。（打一农业用具）

（谜底：筛）

祝枝山编之，滕文公缚之，
季康子不出，再拜而送之。（打一农业用具）

（谜底：簸箕）

生在深山是圆家伙，死在几间是扁家伙；
放倒是个真家伙，发起威来是个弯家伙。（打一农业用具）

（谜底：扁担）

一物钢铁身，牙齿肚里存，
吃饭沙沙响，粪便骤马吞。（打一农业用具）

（谜底：铡刀）

车轮滚滚，马不停蹄，
走了一天，还在原地。（打一农业用具）

（谜底：水车）

乡下有只猴，有翼没有头，
刀砍不见血，雨打哗哗流。（打一农业用具）

（谜底：蓑衣）

一人扶我到孤洲，但闻百鸟叫啁啾，
在生茶饭无着落，死后骸骨无人收。（打一农业用具）

（谜底：稻草人）

四四方方，落在大江，
双手举起，眼泪汪汪。（打一渔业用具）

（谜底：渔网）

远看一团竹，近听呜呜哭，
问它哭什么，软软长藤缠满背脊骨。（打一生产工具）

（谜底：纺车）

高高山，低低山，
鲤鱼游穿白沙滩。（打一手工机械）

（谜底：布机）

一个鲫鱼两个头，纱家巷里来回游。（打一用具名称）

（谜底：梭子）

黑漆大门黑漆漆街，黑娘养个黑娃娃，
一生不做歪斜事，出门弹弹就回家。（打一木工用具）

（谜底：墨斗）

铁嘴钢牙，背上开花。（打一木工用具）

（谜底：刨）

有个老者穿黑裤，打破脑都要做。（打一木工用具）

（谜底：凿子）

四方脑袋扁扁嘴，
腰里一个眼，眼里一条腿。（打一木工用具）

（谜底：斧头）

一件东西来回走，只有牙齿没有口。（打一木工用具）

（谜底：锯）

别看我满身疙瘩，我走过的地方光滑滑。（打一木工用具）

（谜底：锉刀）

两兄弟，一样长，有肋骨，没肚肠。（打一日常用具）

（谜底：梯子）

铁板子，木柄子，爬墙爬壁过日子。（打一日常用具）

（谜底：泥抹子）

南京北京都有我，谁的衣裳都穿过。（打一日常用品）

（谜底：针）

小小一个井栏，打了几百小眼，
管束裁缝师傅，十指不得清闲。（打一日常用品）

（谜底：顶针）

22．科技类谜语

戽。（打一数学名词）

（谜底：内角）

摩拳擦掌。（打一数学名词）

（谜底：等角）

干戈化玉帛。（打一数学名词）

（谜底：对角和）

并驾齐驱。（打一数学名词）

（谜底：平行）

幼儿学算。（打一数学名词）

（谜底：指数）

彤。（打一数学名词）

（谜底：相似形）

台阶多少步。（打一数学名词）

（谜底：几何级数）

最佳演员。（打一数学名词）

（谜底：优角）

马术。（打一数学名词）

（谜底：乘法）

毫厘不差。（打一数学名词）

（谜底：微分）

合法开支。（打一数学名词）

（谜底：有理数）

完全合算。（打一数学名词）

（谜底：绝对值）

勤点钞票。（打一数学名词）

（谜底：常数）

有情人终成眷属。（打一数学名词）

（谜底：同心圆）

午后结账。（打一数学名词）

（谜底：未知数）

十万。（打一数学名词）

（谜底：平方根）

五角一趟。（打一数学名词）

（谜底：一元二次）

追本溯源。（打一数学名词）

（谜底：求根）

大同小异。（打一数学名词）

（谜底：近似）

众说纷纭。（打一数学名词）

（谜底：群论）

医生提笔。（打一数学名词）

（谜底：开方）

五四三二一。（打一数学名词）

（谜底：倒数）

两牛打架。（打一数学名词）

（谜底：对顶角）

讨价还价。（打一数学名词）

（谜底：商数）

查账。（打一数学名词）

（谜底：对数）

马路没弯儿。（打一数学名词）

（谜底：直径）

两边清点。（打一数学名词）

（谜底：分数）

异型。（打一数学名词）

（谜底：不等式）

断纱接头。（打一数学名词）

（谜底：延长线）

逐次说明。（打一数学名词）

（谜底：分解）

一笔债务。（打一数学名词）

（谜底：负数）

搞错账目。（打一数学名词）

（谜底：误差）

反复核算，并无错误。（打一数学名词）

（谜底：对数）

土。（打一数学名词）

（谜底：等腰）

人民的力量。（打一数学名词）

（谜底：无穷大）

么。（打二个数学名词）

（谜底：公差、斜边）

断脐。（打二个数学名词）

（谜底：分子、分母）

横看是只尺，竖看是根棒，
年龄最最小，大哥他来当。（打一数字）

（谜底：1）

像个蛋，不是蛋，说它圆，不大圆，
说它没有它又有，成千上万连成串。（打一数字）

（谜底：0）

细细两条腿，帽儿头上戴，
不当圆规用，算圆离不开。（打一数学符号）

（谜底：π）

误点。（打一物理名词）

（谜底：时差）

怒潮。（打一物理名词）

（谜底：气浪）

暗藏的间谍。（打一物理名词）

（谜底：伏特）

飞流直下三千尺。（打一物理名词）

（谜底：波长）

并肩前进。（打一物理名词）

（谜底：同步）

盈亏。（打一物理名词）

（谜底：饱和差）

疏通河道。（打一物理名词）

（谜底：整流）

交友欠慎。（打一物理名词）

（谜底：接触不良）

野渡无人舟自横。（打一物理名词）

（谜底：空载）

静止不行。（打一物理名词）

（谜底：动能）

精打细算。（打一物理名词）

（谜底：密度）

余怒未息。（打一物理名词）

（谜底：不完全退火）

喋喋不休。（打一物理名词）

（谜底：频道）

浪打浪。（打一物理名词）

（谜底：冲击波）

闲得发慌。（打一物理名词）

（谜底：真空）

尺的作用。（打一物理名词）

（谜底：能量）

你追我赶。（打一物理名词）

（谜底：角速度）

彼此研讨。（打一物理名词）

（谜底：相对论）

学而时习之。（打一物理名词）

（谜底：常温）

目光短浅。（打一物理名词）

（谜底：视差）

倚闾望儿。（打一物理名词）

（谜底：等离子）

百米冲线。（打一物理名词）

（谜底：加速度）

对白。（打一物理名词）

（谜底：双声道）

派出所。（打一物理名词）

（谜底：支点）

同病相怜。（打一物理名词）

（谜底：互感）

洪水移山。（打一物理名词）

（谜底：脉冲）

迅雷不及掩耳。（打一物理名词）

（谜底：超音速）

计算出错。（打一物理名词）

（谜底：重量）

七天。（打一物理名词）

（谜底：周期）

哥俩上天平。（打一物理名词）

（谜底：比重）

捷径。（打一物理名词）

（谜底：短路）

势均力敌。（打一物理名词）

（谜底：平衡）

山坡。（打一物理名词）

（谜底：斜面）

水变汽。（打一物理名词）

（谜底：蒸发）

镜花水月。（打一物理名词）

（谜底：虚像）

拔河比赛，不分胜负。（打一物理名词）

（谜底：平力）

冲洗底片。（打一物理名词）

（谜底：现象）

调转箭头。（打一物理名词）

（谜底：反射）

互相帮助。（打一物理名词）

（谜底：合力）

屡战屡败。（打一物理名词）

（谜底：负极）

情绪不稳定。（打一物理名词）

（谜底：波动）

水上分别。（打一物理名词）

（谜底：游离）

离婚。（打一物理名词）

（谜底：绝缘）

斤斤计较。（打一物理名词）

（谜底：比重）

老鼠过街，人人喊打。（打一物理名词）

（谜底：消耗）

高炉冶炼。（打一物理名词）

（谜底：热处理）

景德镇。（打一物理名词）

（谜底：磁场）

余音缠绕。（打一物理名词）

（谜底：回声）

近朱者赤，近墨者黑。（打一物理名词）

（谜底：赫兹）

四季如春。（打一物理名词）

（谜底：恒温）

风平浪细。（打一物理名词）

（谜底：微波）

云开日出。（打一物理名词）

（谜底：可见光）

晨鸡齐报晓。（打一物理名词）

（谜底：共鸣）

付。（打一物理名词）

（谜底：半导体）

回光反照。（打一物理名词）

（谜底：折射）

习以为常。（打一物理名词）

（谜底：惯性）

歌无词。（打一物理名词）

（谜底：光谱）

哈哈镜。（打一物理名词）

（谜底：失真）

归途。（打一物理名词）

（谜底：回路）

来无影，去无踪，
能传景，能传声。（打一物理名词）

（谜底：电磁波）

房间只有豆粒大，万千兄弟住得下，
电子器件一代，生来追求小型化。（打一物理名词）

（谜底：集成电路）

二泉映月。（打两个物理名词）

（谜底：对流、投影）

寒暑表。（打两个物理名词）

（谜底：能量、温度）

两岸猿声啼不住，轻舟已过万重山。（打两个物理名词）

（谜底：共鸣、速度）

风乍起，吹皱一池春水。（打三个物理名词）

（谜底：气流、振动、微波）

手工作坊。（打一化学名词）

（谜底：无机）

一、三局见高低。（打一化学名词）

（谜底：中和）

问小孩。（打一化学名词）

（谜底：质子）

恢复本来面目。（打一化学名词）

（谜底：还原）

软似薄纸硬如钢，工农商学都用上，
耐酸耐寒耐腐烂，颜色鲜艳逗人赏。（打一化学制品）

（谜底：塑料）

像棉不是棉，名字蛮新鲜，
石油提炼出，抽丝在车间。（打一化学制品）

（谜底：化学纤维）

原料虽贱作用大，千丝万缕织成它，
光泽夺目性能好，制成服装赛棉纱。（打一化学制品）

（谜底：化纤布）

银白软又韧，胜似麻和棉，
既能织成网，又能把带编。（打一化学制品）

（谜底：尼龙线）

农。（打一化学名词）

（谜底：浓缩）

老脾气。（打一化学名词）

（谜底：固态）

三天一休。（打一化学名词）

（谜底：晶体）

众擎易举。（打一化学名词）

（谜底：结合能）

空谷回声。（打一化学名词）

（谜底：反应）

解冻。（打一化学名词）

（谜底：硬水软化）

腾飞吧，中国！（打一化学名词）

（谜底：升华）

略加疏注。（打一化学名词）

（谜底：稀释）

饭后对诗。（打一化学名词）

（谜底：饱和）

望梅止渴。（打一化学名词）

（谜底：酸性反应）

返航之路。（打一地理名词）

（谜底：回归线）

泽国。（打一地理名词）

（谜底：水域）

孔子墓。（打一地理名词）

（谜底：丘陵）

扇子。（打一地理名词）

（谜底：热带）

高处不胜寒。（打一地质名词）

（谜底：地下热）

陆相。（打一地质名词）

（谜底：地貌）

一唱雄鸡天下白。（打一地质名词）

（谜底：宇宙光）

空中图案。（打一医学名词）

（谜底：天花）

雪地挂彩。（打一医学名词）

（谜底：伤寒）

一眼见底。（打一医学名词）

（谜底：透视）

不可战胜。（打一医学名词）

（谜底：休克）

小蘑菇。（打一生物名词）

（谜底：细菌）

开副药先尝尝。（打一化学名词）

（谜底：试剂）

叶公惊慌失措。（打一生物名词）

（谜底：恐龙）

门客。（打一生物名词）

（谜底：寄生）

囚。（打一穴位名）

（谜底：人中）

八口人。（打一穴位名）

（谜底：合谷）

工农兵学。（打一穴位名）

（谜底：少商）

1500 米。（打一穴位名）

（谜底：足三里）

样样精通。（打一穴位名）

（谜底：百会）

钻透地下水。（打一穴位名）

（谜底：涌泉）

深入群众。（打一穴位名）

（谜底：人中）

靶心。（打一穴位名）

（谜底：环中）

暗语。（打一穴位名）

（谜底：隐白）

凌霄殿。（打一穴位名）

（谜底：神庭）

休战。（打一医学名词）

（谜底：停搏）

热水汀。（打一医学名词）

（谜底：气管炎）

拒收礼品。（打一医学名词）

（谜底：推拿）

嗓子冒火。（打一医学名词）

（谜底：喉炎）

学做保姆。（打一医学名词）

（谜底：试管婴儿）

展望新岁。（打一医学名词）

（谜底：更年期）

无动于衷。（打一医学名词）

（谜底：外感）

釜底抽薪。（打一医学名词）

（谜底：退烧）

专治感冒。（打一医学名词）

（谜底：破伤风）

停止进攻。（打一医学名词）

（谜底：休克）

只顾眼前。（打一医学名词）

（谜底：近视）

凿壁偷光。（打四个医学名词）

（谜底：穿刺、室间隔、缺损、透视）

大禹建都。（打一农历节气名）

（谜底：立夏）

秋收。（打一农历节气名）

（谜底：冬至）

流水落花春去也。（打一农历节气名）

（谜底：夏至）

赤日炎炎似火烧。（打一农历节气名）

（谜底：大暑）

千树万树梨花开。（打一农历节气名）

（谜底：大雪）

一尘不染光如镜。（打一农历节气名）

（谜底：清明）

有容乃大。（打一农历节气名）

（谜底：小满）

花季与君别。（打一农历节气名）

（谜底：春分）

梨花盛放。（打一农历节气名）

（谜底：白露）

增添人口心倍愁。（打一农历节气名）

（谜底：立秋）

灵。（打一地质名词）

（谜底：活火山）

四海翻腾，五洲动。（打一地质名词）

（谜底：地震）

倍。（打一地理名词）

（谜底：方位）

沉沉一线穿南北。（打一地理名词）

（谜底：地轴）

野渡无人舟自横。（打一地理名词）

（谜底：飘移）

溶岩。（打一地质名词）

（谜底：化石）

隆中决策。（打一科技用物）

（谜底：亮度计）

南北兼顾。（打一科技用物）

（谜底：二极管）

合家休假摄影去。（打一科技用物）

（谜底：全息照相）

探月。（打一军事用物）

（谜底：侦察卫星）

〇比〇。（打一军事用语）

（谜底：空对空）

整日接待。（打一军事用语）

（谜底：全天候）

衣。（打一军事用语）

（谜底：掩体）

兵法。（打一军事用语）

（谜底：战术）

水球比赛。（打一军事用语）

（谜底：游击）

善于斗争。（打一军事用语）

（谜底：会战）

游泳术。（打一城建名词）

（谜底：下水道）

全部舍弃。（打一机械名词）

（谜底：抛光）

环球旅行。（打一气象名词）

（谜底：世界历）

23. 用品类谜语

小时青竹林林，到大刮骨抽筋，
听些花言巧语，看些姑娘翻身。（打一用品）

（谜底：席子）

一时吃饱总不饥，二人相思我便知，
听尽人人知心话，不想人前多是非。（打一用品）

（谜底：枕头）

团团围住一座城，外边兵马里边人，
张良善用关门计，韩信归来定太平。（打一用品）

（谜底：帐子）

两只小船，没有篷帆，
十个客人，坐在船中，
水路不行，陆路畅通；
白天行动，来去匆匆，
夜深人静，客去船空。（打一用品）

（谜底：鞋）

一对老母鸡，吃泥不吃米，
雨天吃得饱，晴天饿肚皮。（打一用品）

（谜底：雨鞋）

日里勾肩搭背，夜里两头分开。（打一用品）

（谜底：纽扣）

床面前，一个坑，
掉下去，半人深。（打一用品）

（谜底：裤子）

冬天常见它，夏天不见它；
用它不见它，见它不用它。（打一用品）

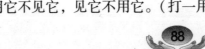

（谜底：帽）

十个加十个，还是十个，
十个减十个，又是十个。（打一用品）

（谜底：手套）

盘绕玉柱一条龙，冰天雪地不怕风，
冬天最得人人爱，立春以后无影踪。（打一用品）

（谜底：围巾）

二尺一片，四角两面，
认识众人面，不识畜生面。（打一用品）

（谜底：毛巾）

一个小小儿郎，盒子里面把身藏，
谁见它都要卷起衣袖，和它玩耍一场。（打一用品）

（谜底：肥皂）

四根柱头起高楼，水阁凉亭在高头，
人人都说皇帝大，皇帝见它也低头。（打一用品）

（谜底：脸盆架）

背脊有些驼，牙齿生得多，
虽然不吃草，喜在草里过。（打一用品）

（谜底：头梳）

你哭他也哭，你笑他也笑，
你问他是谁，他说你知道。（打一用品）

（谜底：镜子）

一双姐妹脚生弯，二人相隔一座山，
若要姐妹来相会，候得太阳落西山。（打一用品）

（谜底：耳坠）

有面无口，有脚无手，
听人讲话，陪人喝酒。（打一用品）

（谜底：桌子）

有胳膊，没有手，
见了来人他就搂。（打一用品）

（谜底：椅子）

木老虎，铜嘴唇，
光吃衣裳不吃人。（打一用品）

（谜底：箱子）

我要出门，万事交托；
等我回家，挖你心窝。（打一用品）

（谜底：锁）

只准你和他谈天，不准你和他相见，
倘若你要相见，除非将我翻卷。（打一用品）

（谜底：竹帘）

什么衣衫都穿过，就是不是人。（打一用品）

（谜底：晾衣竹竿）

有风不动无风动，不动无风动有风。（打一用品）

（谜底：扇）

远看像车轮，近看像八卦，
惯会出风头，人人都爱它。（打一用品）

（谜底：电风扇）

桅子花，靠墙栽，
雨不落，花不开。（打一用品）

（谜底：雨伞）

一个坛子两个口，
大口吃，小口吐。（打一用品）

（谜底：茶壶）

外面冷冰冰，里面热心肠，
一夜到天亮，肚里仍不凉。（打一用品）

（谜底：锅）

高山上面叠高山，高山下面毛竹滩，
毛竹滩下滚龙潭，滚龙潭下火烧山。（打一用品）

（谜底：蒸笼）

我家有个白大碗，舀水舀不满。（打一用品）

（谜底：笊篱）

长长木头短短裁，耳朵方方两边排，
夫妻双双投河死，眼泪汪汪转回来。（打一用品）

（谜底：水桶）

从南来个董大董，反穿皮袄翻着领。（打一用品）

（谜底：缸）

小时候一个，大时候是俩，
你要摸着它，不咬就是刮。（打一用品）

（谜底：水瓢）

自幼生长在深山，黑红颜色分后先，
由黑变红人人爱，由红变黑不值钱。（打一用品）

（谜底：木炭）

矮胖子，坐案头，
吃鱼吃肉不喝酒，吃瓜吃菜不吃豆。（打一用品）

（谜底：砧板）

二位姑娘一样长，吃饭滋味她先尝。（打一用品）

（谜底：筷子）

头像琵琶身像弓，
汤家做事，除我不成功。（打一用品）

（谜底：汤匙）

白就白如雪，硬就硬如铁，
一日洗三遍，夜晚柜里歇。（打一用品）

（谜底：碗）

不揩不脏，越揩越脏。（打一用品）

（谜底：抹布）

一个冬瓜两头空，墙里开花墙外红。（打一用品）

（谜底：灯笼）

头戴玻璃平顶帽，身穿白色钢包袍，
生来只有一只眼，白天睡觉晚勤劳。（打一用品）

（谜底：手电筒）

身穿红袄绿衣裳，满腹文章直肚肠，
只因害了相思病，流出相思泪两行。（打一用品）

（谜底：蜡烛）

百十来个孩子，合住一间房子，
身穿白袍子，头戴黑帽子。（打一用品）

（谜底：火柴）

盘着一条龙，嘴里一点红，
飞虫见我怕，一夜无影踪。（打一用品）

（谜底：蚊香）

千只脚，万只脚，
立不住，靠墙脚。（打一用品）

（谜底：扫帚）

倒着披头散发，立着地上乱爬，
有事水里洗澡，无事墙上悬挂。（打一用品）

（谜底：拖把）

长到青山叶拖拖，死了放到墙旮旯，
婆婆去请坐，公公去站着。（打一用品）

（谜底：马桶）

平地起高台，花窗四面开，
茶饭送到口，一生不自在。（打一用品）

（谜底：鸟笼）

孔明设计造吊台，吊台造好等客来，

客人还没坐得定，一下打出脑浆来。（打一用品）

（谜底：鼠夹）

24. 工业交通类谜语

身子长长似条龙，从头到尾节节通，
一日千里不歇脚，运输线上日夜忙。（打一车辆名词）

（谜底：火车）

铁脚铁身铁脑壳，铁上飞行快如梭，
能牵巨龙千万吨，城乡交流贡献多。（打一车辆名词）

（谜底：火车头）

双臂朝天，扶着长线，
奔走城中，与人方便。（打一车辆名词）

（谜底：无轨电车）

充气橡皮腿，喝油也喝水，
送人又载货，奔跑快如飞。（打一车辆名词）

（谜底：汽车）

铁臂可长又可短，高低随意四面转，
提放千斤不费劲，活动安全用途宽。（打一车辆名词）

（谜底：起重汽车）

背负铁柜带水泵，身穿红袍响叮当，
警报拉响快如飞，一马当先上火场。（打一车辆名词）

（谜底：消防车）

无病我常住医院，急病又请我出院，
来回奔波为战友，救死扶伤跑在前。（打一车辆名词）

（谜底：救护车）

日夜勤劳，街巷常跑，
垃圾扫光，市容美好。（打一车辆名词）

（谜底：吸尘车）

身穿漂亮衣裳，常在马路奔忙，

工作挥汗如雨，一路歌声飞场。（打一车辆名词）

（谜底：洒水车）

小铁马，跑得猛，执行任务一阵风，

别看头上一只眼，遇见小沟能腾空。（打一车辆名词）

（谜底：摩托车）

双手横握大铁铲，大声歌唱朝前赶，

祖国建设打先锋，能填海来能移山。（打一机器名词）

（谜底：推土机）

巨人体格壮，胳膊粗又长，

万斤提得起，干活纪律强。（打一机器名词）

（谜底：起重机）

铜头铁身，嵌满金线，

外力一来，心肠飞转，

发出功率，输出能源，

实现"四化"，一马当先。（打一机器名词）

（谜底：发电机）

钢铁大汉胖墩墩，走起路来慢吞吞，

筑路工人喜欢它，专管人间路不平。（打一机器名词）

（谜底：压路机）

肚子圆圆两张口，专吃水泥沙石头，

吐出泥浆拌得匀，能建房屋能筑路。（打一机器名词）

（谜底：搅拌机）

铁大汉，地里钻，腰缠钢绳力无边，

一根吊锤把地扎，层层泥浆住外翻。（打一机器名词）

（谜底：打井机）

卧铺。（打一机器名词）

（谜底：车床）

一只大雁两翅膀，银光闪闪爱飞翔，
展翅能飞千万里，起飞就把歌儿唱。（打一交通工具）

（谜底：飞机）

不用砖瓦起高楼，铁壳地板尖尖头，
载人运货容量大，江河湖海任邀游。（打一交通工具）

（谜底：轮船）

驼背公公，力大无穷，
爱驮什么？车水马龙。（打一交通工具）

（谜底：桥）

彩虹落人间，横跨大江边，
虹上汽车过，水流虹下面。（打一交通工具）

（谜底：跨江大桥）

远望一个圈，半个湿来半个干。（打一交通工具）

（谜底：拱桥）

常年站在公路上，不叫苦来不换岗，
三岔路口扎下根，专给车辆指方向。（打一交通设施）

（谜底：路标）

一根线，扯得远，
马儿线上跑，车儿线上蹿，
条条线儿通北京，条条线儿都相连。（打一交通设施）

（谜底：公路）

一盏灯，亮晶晶，不怕暴雨和狂风，
夜夜睁眼到天明，专给轮船指航程。（打一交通设施）

（谜底：航标灯）

谁都知它最热心，不欺老少不嫌贫，
不怕风吹和雨打，夜夜辛苦伴行人。（打一交通设施）

（谜底：路灯）

平地下面一长廊，石头水泥来筑墙，

隆隆一阵机车过，备战是个好地方。（打一交通设施）

（谜底：地铁）

高高个儿英雄汉，日日夜夜路边站，

风吹雨打不动摇，手上牵着万里线。（打一工业设施）

（谜底：电线杆）

一棵树，高又大，不长叶子不开花，

串串白果挂树上，条条藤儿树上爬。（打一工业设施）

（谜底：高压线杆）

有肚圆肠，专吞铁水，

钟声一响，金花怒放。（打一工业设施）

（谜底：炼钢炉）

千里钢龙地下穿，吐出黑油似涌泉，

埋头苦干为"四化"，工业战线凯歌传。（打一工业设施）

（谜底：输油管）

是床不能睡，马达歌声脆，

刀走钢屑舞，生产捷报飞。（打一工业用具）

（谜底：机床）

只听车间马达响，头上开来大钢梁，

哨子一响力无比，胳膊能短又能长。（打一工业用具）

（谜底：天车）

浑身都是硬骨头，能高能低又会扭，

你别瞧它一只手，十吨百吨提着走。（打一工业用具）

（谜底：大吊车）

两手抱个枪，开动嘟嘟响，

不打敌人专钻洞，钢嘴长在长臂上。（打一工业用具）

（谜底：风钻）

叫枪不是枪，呼呼冒蓝光，

只管打硬仗，对准铁和钢。（打一工业用具）

（谜底：焊枪）

千树万树梨花开，不见花树与花蕾，
银光闪闪耀人眼，裁钢缝铁显神威。（打一工业用具）

（谜底：电焊）

高耸一钢架，钢管中间插，
工业输血液，出口贡献大。（打一工业用具）

（谜底：石油钻机）

集体研究。（打一工业用具）

（谜底：群钻）

不是水，哗哗流，不是泉，喷个够，
地下有，海底有，建设祖国跑前头。（打一矿产品）

（谜底：石油）

晶莹明亮称珍宝，前途广泛储量少，
世上数它最坚硬，它和石墨是同胞。（打一矿产品）

（谜底：金刚石）

薄薄如纸亮晶晶，颜色艳丽体透明，
常和水晶来做伴，绝缘材料顶有名。（打一矿产品）

（谜底：云母）

碳中之王，质硬发光，
晶体形状，用途很广。（打一矿产品）

（谜底：钻石）

黑汉性刚强，浑身闪闪亮，
能放光和热，工业好食粮。（打一矿产品）

（谜底：煤）

25. 文体医药类谜语

长身黑腿，只知喝水。（打一文化用品）

（谜底：毛笔）

大的不说小的，小的常说大的，
若要晓得大的，须去仔细问小的。（打一文化用语）

（谜底：书的注释）

世界各国在眼前，长江大海不通船，
高山没有一分土，平地没有半分田。（打一文化工具）

（谜底：地图）

有心没有肺，能说没有声。（打一文化用品）

（谜底：铅笔）

不会说话有尖嘴，会走长路却没腿，
每迈一步留脚印，肚子饿了光喝水。（打一文化用品）

（谜底：自来水笔）

四四方方一块砖，半边有水半边干。（打一文化用品）

（谜底：砚）

有个大汉子，黑脸黑身子，
读一世的书，全是写白字。（打一文化用品）

（谜底：黑板）

远观山有色，近听水无声，
春去花还在，人来鸟不惊。（打一艺术作品）

（谜底：画）

一天过去，脱件衣裳，
一年过去，全身脱光。（打一文化工具）

（谜底：日历）

看看有节，摸摸无节，
两头冰冷，中间火热。（打一文化工具）

（谜底：历书）

四角方方一只袋，甜酸苦辣藏在内，
有人见它眉眼笑，有人见它落眼泪。（打一文化形式）

（谜底：信）

叮叮嘱嘱，急忙赶路，不及穿着衣服，

将肚里事情，给人家看破。（打一文化用品）

（谜底：明信片）

一张纸，方又扁，加个圈儿不值钱。

走尽千山和万水，只将消息传人间。（打一文化用品）

（谜底：邮票）

小小身材不大，金银元宝无价，

涂抹满面胭脂，常在花前月下。（打一文化用品）

（谜底：图章）

墙上一条河，风吹不起浪，

冬天河水短，夏天河水长。（打一气象用具）

（谜底：寒暑表）

大似西瓜，轻似鸿毛，

不生翅翼，倒会飞跑。（打一气象用具）

（谜底：气球）

同娘所生，一世不睦。（打一娱乐名称）

（谜底：象棋）

原从外国来，红黑分两队，

二十四个人，没有一条腿。（打一娱乐名称）

（谜底：扑克牌）

一群鸭子会唱歌，黑的少来白的多，

鸭子头上按一按，唱起多拉米法梭。（打一乐器名称）

（谜底：钢琴）

一个大肚皮，生来怪脾气，

不打不做声，越打越欢喜。（打一乐器名称）

（谜底：鼓）

一条横弄堂，许多小天窗，

一阵风声起，歌声传四方。（打两乐器名称）

（谜底：笛、萧）

后园一棵竹，老头抱着哭，
若问哭什么，马尾拉屁股。（打一乐器名称）

（谜底：胡琴）

虎头将军跳得高，
跌下来，摔断腰。（打一娱乐用品）

（谜底：炮仗）

城里一园花，城外有人夸，
开花人见广，谢花人归家。（打一娱乐用品）

（谜底：焰火）

小小花瓶不开花，开起花来百丫叉，
梅兰竹菊样样有，只好看看不好拿。（打一什么玩具名称）

（谜底：万花筒）

老头个不高，不走也不跑，
请他来睡觉，摆着身子摇。（打一玩具名称）

（谜底：不倒翁）

宝宝肚里无心肝，不吃奶奶不吃团，
养到三年六个月，称称勿满一斤半。（打一玩具名称）

（谜底：洋娃娃）

26. 诗歌谜

青石板，白铜钉，打花鼓，放流星。（打四种自然现象）

（谜底：天、星、雷、闪）

天挂灯，地泼油，树摇手，山白头。（打四种自然现象）

（谜底：月、雨、风、雪）

铜相碰，石相磨，牛皮响，竹唱歌。（打四种物品）

（谜底：钹、磨、鼓、笛）

河里的梭子，岸边的屋子，

钻天的锥子，朝天的锯子。（打四种物品）

（谜底：船、窟、塔、城墙）

一个论长说短，一个尖嘴快舌，

一个觅人破绽，一个有冷有热。（打四种物品）

（谜底：尺、剪刀、针、熨斗）

大哥做活用牙齿，二哥做活把头点，

三哥做活把身转，四哥做活用舌舔。（打四种物品）

（谜底：锯、斧、钻、刨）

老大天天说和唱，老二专打抱不平，

老三坐着摇摇手，老四一到分外明。（打四种电器）

（谜底：收音机、电熨斗、电风扇、电灯）

老大腾云驾雾，老二过海飘洋，

老三翻沟爬坡，老四大叫大嚷。（打四种军事用具）

（谜底：飞机、军舰、坦克、大炮）

老大说话先挨刀，老二说话先脱帽，

老三说话先喝水，老四说话雪花飘。（打四种文化用具）

（谜底：铅笔、自来水笔、毛笔、粉笔）

有脚不能走，无脚走汉口，

有毛不能飞，无毛飞到半天里。（打三物一鸟）

（谜底：凳子、船、掸帚、鹞子）

是鸡不长毛，是牛不耕田，

是猫不捕鼠，是虎不上山。（打四种动物）

（谜底：田鸡、蜗牛、熊猫、壁虎）

一个叫姑姑，一个叫妈妈，

一个叫哥哥，一个叫娃娃。（打四种动物）

（谜底：鸽、羊、鸡、乌鸦）

大姐天天逛花园，二姐弹琴黑夜天，

三姐织布到天明，四妹做饭香又甜。（打四种动物）

（谜底：蝴蝶、蝈蝈、蜘蛛、蜜蜂）

大姐上山曲溜溜，二姐下山滚绣球，

三姐磕头梆子响，四姐洗脸不梳头。（打四种动物）

（谜底：蛇、刺猬、啄木鸟、猫）

大将军披头散发，二将军黄袍盔甲，

三将军肥头胖耳，四将军瘦瘦刮刮。（打四种动物）

（谜底：狮、虎、熊、狼）

上坡点点头，下坡滑似油，

走路不约伴，洗脸不梳头。（打四种动物）

（谜底：马、蛇、虎、猫）

行也是行，坐也是行，

立也是行，卧也是行。

行也是坐，坐也是坐，

立也是坐，卧也是坐。

行也是立，坐也是立，

立也是立，卧也是立。（打三种动物名称）

（谜底：鱼、蛙、蛇）

兄弟四人都姓桃：

一个桃包骨，一个骨包桃，

一个穿绿袍，一个穿红袍。（打四种水果名称）

（谜底：桃、胡桃、葡萄、樱桃）

老大头上一撮毛，老二脸红似火烧，

老三越大越弯腰，老四开花节节高。（打四种粮食作物）

（谜底：玉米、高粱、稻、芝麻）

大姐雪白肥胖，空肚肠；

二姐飘飘扬扬，喜乘凉；

三姐桃衣粉色，多衣裳；

四姐麻子疙瘩，多儿郎。（打四种植物名称）

（谜底：藕、荷叶、荷花、莲蓬）

抽筋菜，扯皮菜，

刀不切自成菜，色不染自成菜。（打四种蔬菜名称）

（谜底：蒜薹、笋、豆芽、胡萝卜）

大嫂胖头胖脑，满身白毛；

二嫂扁头扁脑，凸肚凸腰；

三嫂圆头圆脑，花衣绿袍；

四嫂红头红脑，头戴绿帽。（打四种蔬菜名称）

（谜底：冬瓜、南瓜、西瓜、北瓜）

纸包火，纸包雨，纸包风。（打三种用具）

（谜底：灯笼、纸伞、折扇）

乌龙挂墙身披万颗金星，

白蛇过江头顶一轮红日。（打两种用具）

（谜底：秤、油灯）

女婿要走丈母拉，十八姐儿生娃娃，

两对后生同玩耍，后面跑出老管家。（打四种水果名称）

（谜底：石榴、枣儿、柿子、葡萄）

四月将尽五月初，家家买纸把窗糊，

丈夫外出三年整，千里家书一字无。（打四种中药名）

（谜底：半夏、防风、当归、白芷）

梧桐树上挂丝条，将军兴兵不用刀，

孔子走遍天下路，风吹树木都不摇。（打四种文化现象）

（谜底：琴、棋、书、画）

27. 故事谜

买玩具

村民刘勇要进城办事。爱人张英急忙写了一张纸条，折好交给丈夫，并说："别忘了，给咱宝宝买件玩具，我在纸条上写清楚了！"

刘勇办完事走进百货公司，拿出纸条一看，上面只写着"买63"几个字，立刻把他难住了。原来，他们小两口都很爱动脑筋，不是猜谜，就是搞智力测验。这次，张英想难难丈夫，故意没把玩具的名称写出来。结果，刘勇经过一翻苦思冥想，终于理解了妻子的意思，买回了玩具。

假如你是刘勇，你会买回什么玩具呢？

（谜底：积木）

秦少游猜谜

少游说："我有一间房，半间租与转轮王，有时射出一线光，天下邪魔不敢当。"苏东坡假装猜不中，说："猜不中。我也打个谜给你猜猜看：'我有一张琴，琴弦藏在腹，为君马上弹，弹尽天下曲'。"少游怎么猜也猜不中这个谜。

晚上，少游将白天和东坡猜谜的事对苏小妹说了，请苏小妹帮猜那个谜。小妹不但不帮助少游猜，反而说："我这儿也有个谜，你猜猜看：我有一只船，一人摇橹一人牵；去时牵纤去，归时摇橹还。"秦少游坐在床沿上想了好久，还是想不出，只得又向苏小妹求教。苏小妹笑着说："哎呀，你才笨啦，我的就是我大哥的，我大哥的就是你的呀！"秦少游这才恍然大悟。

请你猜猜这个谜底是什么吧。

（谜底：墨斗）

祝枝山评文章

这一天，县太爷把祝枝山请到县衙，拿出儿子写的一篇文章让祝枝山看。祝枝山难以推辞，认真看了一遍，提笔写了两句诗：两个黄鹂鸣翠柳，一行白鹭上青天。旁边注了一行小字：打两个成语即为评语。周围的师爷们一看，纷纷恭维说：上句是"有声有色"，说文章写得好；下句是"青云直上"，指公子前途无量。县太爷眉开眼笑，忙问祝枝山对不对。祝枝山大笑道："我已经写在令郎文章的角下

104

了。"说罢，扬长而去。

县太爷连忙仔细查找，终于在文章右下角找到了八个小字，一看，弄了个倒憋气。你知道是哪八个字吗？

（谜底：不知所云、离题万里）

无字家书

一个在外谋生的人托同乡带给妻子一封信和一包银子。那个同乡悄悄打开了信，看到里面只有一幅画，画面上有一棵树，树上有八只八哥、四只斑鸠。他一想，信中并没有写多少银子，于是便将银子偷偷扣了一半。谁知见到了朋友的妻子后，她拿着信讲："咱们办事要老实啊！我丈夫托您带一百两银子，为什么只有五十两了？"

你能猜中她凭什么知道了原有银子一百两吗？

（谜底：八只八哥为 64，四只斑鸠为 36，相加共为 100）

去或留

从前有个长工给财主干活时伤了腰，财主想把他赶走，便出了坏主意。他把长工叫到房里后说："桌子上放着两个纸团，一个写着'去'，一个写着'留'，你可任意取一个，来决定你的去和留吧！"长工知道这两个纸团写的都是"去"，便想出了一条妙法对付财主的解雇。你知道他是怎样对付呢？

（谜底：烧掉或毁掉一个纸团，让财主看另一个。）

信不信由你

从前，有个好逸恶劳的人，叫李老五。他专靠打赌混日子。

有一次，他在人前打赌说："谁能说出一件事，说得使我不相信，就给他五两银子；我接着再说一件事，如果他不相信，那么他就给我一两银子。"当下，有人说："我家有一只碗，碗内可装下十天的饭菜。"李老五回答说："这我相信；我家的一只碗盛满水，可以把你淹死。"那人当然不信，只得认输。又有人说："我家的烟囱高得望不到顶。"李老五回答说："这我相信，但这并不算高，我家的烟囱一直通到月亮上。有一次嫦娥还从烟囱顶上走到我家来呢!"这荒唐的话当然使人不能相信,第二个人又输了。就这样,一会儿就有四个人输了,李老五赢得了四两银子。

人群中有个叫王智的穷秀才,他想出了一句妙言,不管赌棍说相信或不相信,总得给他五两银子。你知道王智说的是哪句话吗?

(谜底:"你欠我五两银子。")

小妹试夫

传说苏轼的妹妹苏小妹从小习读诗文,精通经史,常常与兄题诗作赋,是个有才识的女辈。小妹 16 岁时,上门求亲的人不少。但小妹推说自己年纪还轻,不准备过早结婚。对前来说亲的人小妹非常讨厌,但又不能贸然失礼。于是她想了一个办法,要所有求婚者答三道题,答对了,才许婚。这三道题是:

一、人名

展翅翱翔,飞鸟归房,

小人掌印,凿壁借光,

惜日为雄,远境闲逛,

娃娃献计,红热具藏。

二、物名

越大越好过,越小越难过,

越短越好过,越长越难过,

白天还好过,晚上更难过。

三、猜字

东境脚为佳,女未肯成家,

半口吃一口,音息心牵挂。

求婚者获知小妹三道难题后,前来应试的人不少,但都因答不全扫兴而回。有一天,苏轼诗友秦少游前来应试。他事先拜见了苏轼。苏轼很早就有意想把妹妹许配与他,于是提示说:"妹三题者,均为谜也。"秦少游听后非常高兴,前去找小妹答题。结果三题全部答对,小妹无奈，只好与秦少游结为百年姻缘。

你能猜出苏小妹的这三则谜语吗?

(谜底：人名：张飞、关羽、孙权、孔明、陈胜、陆游、孙策、朱温；物名：独木桥；字名：小妹同意)

孙子戏爷爷

王大爷有两个孙子，大的叫小敏，小的叫小明。这两个孙子从小就聪明天真活泼，王大爷非常喜欢。

有一天，王大爷对他俩说："你俩去给我买一样东西。这种东西是：'兄弟两个一般高，遇事两人合作好，若有吃的它先尝，客人赴宴它先到'。"机灵的小明骨碌了几下眼珠之后说："爷爷，买多少呀?"王大爷说："若为时日，月儿圆。"小敏听了高兴地叫着："知道了，知道了。"于是两人蹦蹦跳跳地上街去了。

小敏和小明买了东西回来，他俩想考考爷爷。当爷爷问他们买来了没有时，小敏说："买了，但不是我一个买的，我买了六的一半，小明买了十有余。爷爷，你知道我俩各买了多少吗?"爷爷笑着说："小敏买的数是三，小明买的数是十二，对吗?"小明拍着小手大叫："不对喽!考倒爷爷喽!"

请你想一想：王大爷叫孙子买什么?买多少呢?两孙子各买了多少?

(谜底：买筷子，共 15 双，小敏买 8 双，小明买 7 双)

巧对得球

清朝乾隆年间，有一位才思敏捷、知识渊博的学士，叫纪晓岚。纪晓岚 10 岁那年，有一天和邻居家的七八个小孩在街上玩球。

恰好县太爷坐轿子经过这里。他们不小心把球踢进了轿子。小伙伴们一眼望去，只见县太爷板起面孔，满脸怒气，一个个吓得拔腿就跑。

这时，纪晓岚却不慌不忙地走到县太爷轿前，深深地作了个揖，要讨还球。县太爷正想发火，见眼前是个彬彬有礼的小孩，随即由怒转喜，笑着说："小孩子，我出个上联让你对。对得上，还你的球。对不上，球就没收。上联是：童子七八人，唯汝狡。"

纪晓岚听了一想，随口答道："县官三五辈，仅公……还有一个字，我暂且不讲。"

县太爷急切地问："仅公什么？"

纪晓岚接着慢慢地说："如果大人还我的球，便是'仅公□'；假使不还给我球，就是'仅公□'。"

县太爷连忙把球递给他，并夸奖说："这孩子了不起，长大定是栋梁之才！"

请您想一想，纪晓岚所对下联的最后一个字是什么？"

（谜底：廉或贪）

父子对话

在一户人家，父子二人说话含蓄幽默，从不开门见山。新年快到了，父亲高高兴兴地把儿子叫来说："你在外面玩什么？"儿子说："阶下儿童仰面时，清明装点最堪宜，游丝一断浑无力，莫向东风怨别离。"父亲听了说："明天，我再给你做一个，你到街上帮我买样东西来。"儿子问："买什么东西？"父亲说："能使妖魔胆尽摧，身如束帛气如雷，一声震得人方恐，回首相看已化灰。"儿子听后到街上买来了父亲需要的东西。

你知道儿子在玩什么，父亲要买什么？

（谜底：风筝、爆竹）

甘拜下风

古时候，有个名叫曹著的人，十分聪明，而且善于猜谜和制谜。某日，有个人想和曹著比高低，便找上门来，出了一则谜语给曹著猜："卧也坐，行也坐，立也坐，坐也坐。"要求猜一动物。曹著听后，没有立即说出那人的谜底，而是也出了一则谜给那人猜："坐也卧，行也卧，立也卧，卧也卧。"也要求猜一动物。那人想了很久想不出。曹著提示说："我的谜底能吃你的谜底。"听到这句含意双关的话，那人脸都红了，不仅连声称赞曹著高明，还钦佩地向曹著作揖，自叹不如，甘拜下风。

你知道他两人的谜底吗？

（谜底：蛙、蛇）

要去何方

有三人想在星期日旅游。他们商量去哪个方向时，甲说去南边，乙说去北边，丙在地上写了一个"女"字。猜猜丙要去何方？

（谜底：要去西边）

巧撵秦桧

民间传说：宋朝年间，韩世忠、梁红玉驻守黄天荡。秦桧不时窜到梁府挑拨韩岳两家关系，韩梁二将愤怒已极，但又不便直说。一天傍晚，韩梁二将在一起边下棋边论军事。秦桧躲在一旁偷听。这时，韩世忠自言自语地说："兖州无儿去，下着无头衣，泪水一边流。打一字。"梁红玉接了下句："虫子钻进布匹里。打一字。"秦桧听了，灰溜溜地走了。请你说说韩梁是怎样巧撵秦桧的？

（谜底：滚蛋）

这是些什么腿

一个两条腿的东西，坐在一个三条腿的东西上，看着一个一条腿的东西，突然来了一个四条腿的东西，抢去了那一条腿。

两条腿的急忙站起来，拿起三条腿，向那四条腿扔去；可是那四条腿的躲开了三条腿，带着一条腿跑掉了。

请猜一猜一条腿的是什么？两条腿的是什么？三条腿的是什么？四条腿的是什么？

（谜底：猪腿、屠户、凳子、狗）

年龄各是多少

张大爷是个很幽默的人，尤其喜欢给人家猜谜。有一次，他在逗小孙子玩的时候，有一个人与他闲聊起来。当这个人问他多少高龄、小孙子出生多久时，他笑嘻嘻地说："我写个字给你看，我的年龄与孙子出生多久都在这个字里面了，你自己去猜吧。"说完，张大爷就写了一个"精"字。你能猜出吗？ （谜底：八十八、十二个月）

28. 其他类谜语

上边毛，下边毛，中间一颗黑葡萄。（打一人体名称）

（谜底：眼睛）

左一片，右一片，两片东西不见面。（打一人体名称）

（谜底：耳朵）

绿衣汉，街上站，光吃纸，不吃饭。（打一用具）

（谜底：邮筒）

半空中，一只碗，下雨下不满。（打一自然现象）

（谜底：鸟巢）

千根线，万根线，落到水里就不见。（打一自然现象）

（谜底：雨）

一间屋，三个门，里面只住半个人。（打一生活用品）

（谜底：裤子）

浑身毛，一条腿，不怕灰尘只怕水。（打一生活用品）

（谜底：鸡毛帚）

红门楼，白院墙，里面坐个胖儿郎。（打一人体名称）

（谜底：嘴）

稀奇稀奇真稀奇，拿人鼻子当马骑。（打一日常用品）

（谜底：眼镜）

一双玉燕靠地飞，早上出门夜里归。（打一日常用品）

（谜底：鞋子）

有风不动无风动，不动无风动有风。（打一日常用品）

（谜底：扇子）

一只狗，站门口，打一枪，就开口。（打一日常用品）

（谜底：锁头）

滑溜溜，光亮亮，眼睛生在屁股上。（打一日常用品）

（谜底：针）

一身毛，尾巴翘，不会走，只会跳。（打一动物名称）

（谜底：麻雀）

尖长嘴，铁刺骨，咬一口，走一步。（打一日常用品）

（谜底：剪刀）

一对夫妻，同命相依，白天结合，晚上分离。（打一日常用品）

（谜底：纽扣）

一物不才，比客先来；客来他不见，客走又出来。（打一日常用品）

（谜底：扫帚）

来自水中，却怕水冲，回到水里，无影无踪。（打一食品）

（谜底：盐）

姊妹一样长，出入都成双，酸甜苦辣味，他们总先尝。（打一日常用品）

（谜底：筷子）

五个兄弟，生在一起；有骨有肉，长短不齐。（打一人体名称）

（谜底：手）

直直一条小红河，河水从来无浪波，天热水位就上涨，天冷必定往下落。（打一医疗用品）

（谜底：温度计）

远看小洋楼，近看大馒头，人在底下走，水在上面流。（打一日常用品）

（谜底：雨伞）

指着你的脸，按着你的心，通知你主人，赶快来开门。（打一日常用品）

（谜底：门铃）

一物三个口，你有我也有，有他不怎样，无他就现丑。（打一日常用品）

（谜底：裤子）

四四方方，又白又光，姑娘请他，清洁衣裳。（打一日常用品）

（谜底：肥皂）

此物管八面，人人有两片，用手摸得着，自己看不见。（打一人体名称）

（谜底：耳朵）

第三节 娱乐游戏训练

1. 赛"龙舟"

【参赛人数】

每队4人，每2个队为一比赛组。

【比赛道具】

红色布条若干。

【竞赛方法】

将竞赛者分成几队，每队竞赛者竖排一行，头扎红色布条，面向前蹲下，两手分别扶住前面一个竞赛者的腰，比赛开始，竞赛者同心协力蹲着前进，竞赛当中，不能松手，队伍自始至终不能有断队现象，最快到达终点的一队为胜利。

【竞赛规则】

必须蹲下前进，不得断队。

2. 鲤鱼跳龙门

【参赛人数】

每组参赛队由5人组成，每次3组。

【比赛道具】

(1) 选择一处条件较优越的开阔水域（游泳池也可）约400平方

米面积，水深以 1.5 米为宜。周围标以醒目的标志线。

（2）竞赛服装以鲜艳的民族服装为好，紧身，佐以喜庆吉祥的鲤鱼图案。在起点线至龙门处的水面，安置 10 个彩绘 9 个聚乙稀泡沫图板，每个直径为 80 厘米，厚 20 厘米，可用线穿起，要求不在一条直线，中间可错开。在距起点线 10 米处设置一座龙门。龙门以两根长 2.5 厘米的合金铝棍矗立水中，中间连一条色彩艳丽的绳子。以上各为 3 组。

秒表 3 只，哨子 1 只，小红旗 1 把。

【竞赛方法】

准备阶段。15 位选手身着服装，立于起点线。竞赛时，每组选手须等本组上一位选手跳过龙门（如掉入水中，作失败计算）方可进行比赛。

竞赛阶段。指挥员哨声响过，每组 1 名参赛队员开始向龙门冲刺。必须踩着水面的泡沫圆盘向前跑，不一定每只圆盘都踩到直到跳到最后一只圆盘，方可翻过龙门第二位选手见第一位选手确已跳过龙门，可接着进行比赛，直到本组选手全部跳过龙门，比赛方可结束。

【竞赛规则】

以所用时间最短一组为第一名；以此类推。最后决出总分名次。凡比赛中掉入水的队员均不扣总分，但需从水中回到起点线；继续参加比赛。如参赛队员无一掉入水中，全部顺利跳过龙门，应给该队附加分。如第一名为 100 分，应变为 110 分。分数按如下方法分配：第一名为 100 分，第二名为 80 分；第三名为 70 分，第四名为 50 分，第五名为 40 分，第六名为 30 分。

3. 泼水节

【参赛人数】

每次比赛有 2 队参加；每队 5 人（3 男 2 女）。

【比赛道具】

（1）选择一个 30 平方米的草地，或水泥地进行竞赛。

（2）10 双特制的大靴子。大靴子尺寸如下：靴长 40 厘米、靴宽 20 厘米、靴高 50 厘米、靴筒直径 30 厘米。可使用细纲丝扎制成大靴子的骨架。再在靴子里面裱糊二层，第一层为帆布第二层为塑料布，使用乳胶为粘合剂。里面第一层帆布与靴子外面的第一层帆布；可以用针线缝连，以增加坚韧度。靴子外面再裱糊 6 层，一层帆布，一层塑料布间隔进行。最外层涂刷一层黑色油漆；待油漆干后，刷一层罩光漆或者清漆。

（3）10 个大小一样的洗脸盆。

（4）两口大缸，盛满水；每队一口。

【竞赛方法】

两队 10 名队员，人人脚穿一双特制的大靴子，手端洗脸盆，里面盛有清水。各队的水缸要放置在场地的两端，队员只能取本队水缸中的水，否则算犯规。比赛开始，双方相互泼水，尽量把水泼进对方的大靴子中。如有人滑倒，无论有意无意，一律算犯规。比赛上半场为 10 分钟（5 分钟也可以，要视情节而定）。下半场，双方队员各自集中到己方水缸旁边。裁判一声令下，双方队员尽可能快地跑向对方的水缸旁，如有人跌倒，算为犯规。跑到水缸边，将靴中水倒入缸中，5 名队员全部倒完为结束。以时间长短决定名次，然后再计算小分；最终定出优胜者。

【竞赛规则】

第一名 10 分；第二名 8 分；跌倒一次扣 1 分。双方队员不许接触、碰撞，造成他人跌倒，否则，扣肇事方 1 分。

4. 快乐的星期天

【参赛人数】

每小组 3 人，每 4 个小组为一比赛组。

【比赛道具】

(1) 选择一片开阔的草地（平地亦可）；有一条河可以划船（小湖亦可游泳池亦可）。草地约200米长、10米宽即可。河面宽度可同时容纳4条小船并列出发。

(2) 红、黄、蓝、白4种颜色的小棋子备100粒。

(3) 装棋子的小布袋4只，发给每个小组。

(4) 独木桥4座，也可以用平衡木代替（亦可用砖块码成）。长度以5～6米为宜。小船5条，4条比赛用；一条裁判用。

(5) 划船用桨10把。

(6) 泡沫塑料块制作的莲蓬20个。莲蓬呈圆锥形；大圆直径为0.8米、高0.4米。使用泡沫塑料制作。将泡沫塑料用乳胶粘合成高0.4米、宽0.8米的长方形；用刀切削成莲蓬形状。使用化学糯糊搅和石膏粉（掺一定的水），刮抹在莲蓬表面，待干透后，刷上深绿色油漆，圆面上用墨绿油漆勾勒几个莲子外形就可以了。

(7) 泡沫塑料制作的骰子一个。使用泡沫塑料、乳胶、化学糯糊、石膏粉。只是尺寸要求不一样。骰子为0.6米的正方体；漆成白色，上面使用两种颜色写字：前进使用红色，后退使用黑色。制作方法如莲蓬的制作方法。

【竞赛方法】

(1) 当裁判宣布开始，哨响时，4个小组同时出发。

过草地。首先通过一片开阔的草地，草地上事先在每一条道路上撒下100粒小棋子。每小组只许捡自己道路上的棋子，既要求拾得多，又要求走得快，并不要求100粒棋子全部捡回。小棋子要装进小布袋中，走过草地时，丢到终点的地上，由裁判收口并点数。

(2) 过独木桥。要求每个队员都是单脚过桥，不许双脚落在桥面，也不许换脚。

(3) 采"莲"过河。在小河边停靠4条小船，每条船上有两把桨，河面漂浮着一些泡沫塑料制作的"莲蓬"。以每小组采"莲"多少和渡河速度快慢为竞赛目的。

（4）掷骰子竞走。在渡河终点至竞赛活动终点之间，有4条跑道，长20米，宽2米，上面画满长0.25米的格子，计80格。每个小组有一个大骰子。骰子6个面分别有如下数字：前进5、前进10、前进15、倒退2、倒退4、倒退6。

（5）每小组3人，一人跳格，两人抛接骰子。抛接骰子的两人，要相距5米，甲抛乙接，不能调换。每抛完一次，须乙将骰子送到甲处，再抛。如乙不能接住，骰子落地，须送至甲处，再抛。乙两手接骰子，骰子朝天的一面的数字，为跳格人跳格的数字。先到达终点的为第一。

【竞赛规则】

（1）过草地，总分10分。捡棋子5分，速度5分。每10粒为0.5分。速度按名次计分，第一名5分，第二名4分，第三名3分，第四名2分。

（2）过独木桥，基础分5分。只要3人能按要求通过独木桥，即得基础分，但必须3人3脚同时过桥。多一只脚着地一次，扣0.5分。从桥上落下一次扣一分。给每个小组计时，需按名次计分；第一名5分，第二名4分，第三名3分，第四名2分。

（3）采"莲"过河，共10分，采"莲"为5分，速度为5分。一个"莲蓬"1分，采5个"莲蓬"得基础分5分，少采一个扣1分，多采一个加1分。计时分如前。

（4）掷骰子竞走。以到达终点的名次计分，第一名5分，以此类推。

（5）最后评分。按每个小组在4次活动中获得的分数高低决定名次。

5. 夺"宝"拉人

【参赛人数】

每小组5人，分两个队对决。

【比赛道具】

在场地上画两条相距 8~10 米的平行线，中间画 5~10 个直径 2 米的圆圈，每个圈内放一个球。

【竞赛方法】

将竞赛者分成人数相等的两队，成横队面对面站在两边线后。竞赛开始每个圆圈内两队各站一人，两人将球抱好。组织者发令后，双方尽力把球夺到手中，或把对方拉出圈外。先夺到球或把对方拉出圈的得 1 分。然后换另外两人参加比赛，最后以积分多的队为胜。

【竞赛规则】

发令后方可开始夺球。不能放开球拉人、推人，或有意松开手、顺势绊倒对方。必须始终在各自的赛道内前行，步入他道或影响他道选手的行为，均应视为违例，成绩无效。

6. 拉和拍

【参赛人数】

每队 6~7 人，分两队进行比赛。

【比赛道具】

在平坦的空地上，画 3 个同心圆。小圆直径是 2 米，中圆直径是 4 米，大圆直径是 6 米。参加竞赛的人分成人数相等的两队，每队 6~7 人。抽签决定一队做"拍的人"，站在小圆与中圆之间；一队做"拉的人"，站在大圆的外面。

【竞赛方法】

竞赛开始后，"拍的人"竭力用手去拍"拉的人"的腿部；而同时，"拉的人"要去握住"拍的人"的手，把他拖到大圆外面。如果"拍的人"能把对方都拍着，也就是把对方都关进小圆，拍的一队就获胜。相反，要是"拉的人"把对方都拉出大圆，那么，胜利就是属于"拉的"一队。

【竞赛规则】

要是"拍的人"被拖出去，他得站在外面，不参加竞赛，等待自己人来救他；如果"拉的人"的腿部被拍着了，他就站到小圆里去，也要等待自己人来救他。救人者只要用手触到被救的人，就算把他救出。

7. 开动火车

【参赛人数】

每次比赛有 2 队参加，每队 5 人。

【比赛道具】

画一个长方形。把竞赛者分成人数相等的两队，分别排成纵队，站在长方形的两端。各个队员把自己的左脚伸向前面队员垂下的左手，前面队员垂直下放的左手腕扣住后面队员伸来的脚。右手搭在前面队员的肩上。排首不伸脚，排尾不用手腕扣住脚。这样，齐心合力扮成为一列"火车"。事先规定比赛距离。

【竞赛方法】

当听到口令时，各队向前跳动，排首可走步，以"车头"先到达规定终点的一组为胜。

【竞赛规则】

如碰到"车箱脱节"相撞，必须在原地接好后才能前进。火车完整到达终点，才能计成绩。

8. 骑兵迎战

【参赛人数】

把竞赛者分成人数相等的两队。每 3 人一组。

【比赛道具】

在篮球场两端与端线相隔 2 米处各画一条横线做"骑兵营"。第一人站立；第二人体前屈两手搂住前面人的腰部，形成"一匹马"；第三人骑在第二人背上做"骑兵"，在骑兵的领子后塞一条彩带。

【竞赛方法】

"开始"口令后，双方的"骑兵"迅速冲出兵营，到战场中间交战，设法夺取对方的彩带，夺到彩带后，迅速退回自己的"兵营"，先到者得 1 分。

【竞赛规则】

比赛过程中，不得推拉。退回兵营时，双方可追击，再设法将彩带夺回或夺取对方的彩带，但对方进入"兵营"后不得交战。

9. 手推小车

【参赛人数】

将竞赛者分成两队，每队 2 人。

【比赛道具】

在竞赛场上画两条相距 10 米左右的平行线，称作起点线和终点线。一组前后站立，前者成俯撑，后者抬起前者的两腿，排列在起点线后。

【竞赛方法】

发令后，俯撑者用手交替移动前进至终点线，然后两人交换归队。首先全部完成动作的一队为胜。

【竞赛规则】

抬腿脱落者要重新开始。

10. 猫跳赛

【参赛人数】

每队 5 人，分两队比赛。

【比赛道具】

根据距离长短在竞赛场上每隔一定距离放上70厘米高的硬板凳数个。将竞赛者分成人数相等的两组，成纵队站在横线之后。

【竞赛方法】

当发令者发令后，各组的第一人立即跳上硬板凳再向前迅速跳下。等跳完最后一个板凳后，立即返回横线击第二人的手掌，然后排至排尾。第二人开始跳动。依次进行，直到全组完成。

以先完成的组为胜。

【竞赛规则】

撞倒板凳者须重新开始。

11. 龙凤戏珠

【参赛人数】

混合双人项目，每队由2名队员组成（男女各1），4对一组同时参赛。

【比赛道具】

（1）赛道总长为30米，各分赛道宽2.44米（在正式田径场上可选1、3、5、7赛道为正式赛道）。

（2）排球4只，每赛道均为1只。

【竞赛方法】

（1）开赛前，各对选手分别面对面的侧向（侧对前进方向）站立于各自赛道的起点线后，并分别将排球顶夹对挤于彼此的前额之间，顶夹稳妥后，双臂应于体侧自然侧向展开或于体后互挽。

（2）令发后，以球为媒并连为一体的两位选手应采用相应的走、跑动作同步向前侧行（跑），直至抵达终点。

（3）终止计时以两人顶、夹对挤之球的前沿触及终点线内沿垂直面时为准，用时少者名次列前。

【竞赛规则】

（1）行进过程中，应始终将球顶夹对挤于两人前额和头面部之间，球滑落于头部以下、以手托球或相互把扶对方均应视为犯规，不予计取成绩。

（2）行进过程中若球滑脱落地，即为比赛失败。

（3）两运动员及所顶之球在通过终点线的瞬间，必须做到人球合一，若出现所顶之球滑脱出对顶有效部位之外或脱落在地等现象，则均属违例，成绩无效。

（4）必须始终在各自的赛道内前行，步入他道或影响他道队员的行进，均应视为犯规，成绩无效。

12. 呼啦行进

【参赛人数】

男、女个人项目，4 人一组同时参赛。

【比赛道具】

（1）赛道总长为 30 米，各分赛道宽 2.44 米（1、3、5、7 赛道为正式赛道）。

（2）圈内径为 90 厘米，重量不少于 300 克的塑圈或艺术体操专用圈（呼啦圈）4 只，每赛道 1 只。

【竞赛方法】

（1）开赛前，各队参赛选手双手持呼啦圈套穿于自身躯干腋部以下部位，并在各自赛道的起点线后待令。

（2）预备令下达时，双手迅速推、转圈体（此后双臂作屈臂上抬动作），使呼啦圈沿身体纵轴作水平环绕转动并做好起跑准备。

（3）令发后，参赛选手在保持圈体平稳绕转的状态下可跑、走行进，直至成功越过终点。

（4）终止计时以参赛选手躯干部任何部分抵达终点线内沿垂直面时为准，用时少者名次列前。

【竞赛规则】

（1）必须以身体腋部以下任何位置为圈体接触点（包括套穿于双腿部位），并使圈体始终沿身体纵轴作水平环绕转动。

（2）行进过程中，若出现以手握扶圈体、圈体触地等现象，即为比赛失败，成绩无效。

（3）越过终点的瞬间，必须做到人圈合一，若出现上述违例现象，成绩无效。

（4）必须始终在各自的赛道内前行，步入他道或影响他道选手的行进，均应视为违例，成绩无效。

（5）参赛服装不得佩带任何装饰物或任何勾挂物。

13. 手足情深

【参赛人数】

混合集体项目，每队由 4 人组成（2 男、2 女），可以多队一组同时参赛。

【比赛道具】

赛道总长为 30 米，各分赛道宽 1.22 米。

【竞赛方法】

（1）开赛前，各队参赛者分别于本赛道起点线后成一路纵队依次排好，排头将身体重心移至一侧腿，另侧腿屈膝后抬，双臂自然弯屈侧举并保持身体平衡，2～4 名队员分别将一手搭在前位队员的同侧肩上，另一手抓住前位队员屈膝后抬的脚踝处，同时将各自身体重心移至与前位同伴相同的一侧腿上，另侧腿屈膝后抬并成单脚支撑状，全队形成一路单脚支撑的纵队。

（2）令发后，统一口令，步调一致地以全队同步单腿跳跃动作结队前行，直至全队成功越过终点。

（3）终止计时以整队抵达终点的最后一人躯干部任何部分到达终点内沿垂直面时为准，用时少者名次列前。

【竞赛规则】

（1）行进过程中，各参赛队必须以任意一侧同侧腿做支撑状跳跃，任一参赛队员向后抬起的脚踝部始终不得脱离后位队员的单手握持，2~4名后位队员必须始终将同侧手搭在前位队员的同侧肩上并不得离肩脱手，若出现上述违规现象，即为比赛失败，成绩无效。

（2）必须始终成一路纵队结队前行，错位搭肩（之字形队列）或以其他队列替代均不予计取成绩。

（3）必须始终在各自的赛道内前行，步入他道或影响他道队员的行进，均视为违例，成绩无效。

14. 力士竞速

【参赛人数】

男、女个人项目，8人一组同时参赛。

【比赛道具】

（1）赛道总长为30米，各分赛道宽1.22米。

（2）装满填充物的沙袋8只，（男子用沙袋长约75厘米、宽约35厘米、重约30公斤，女子用沙袋长约65厘米、宽约30厘米、重约20公斤），每赛道各1只。

【竞赛方法】

（1）开赛前，各队参赛选手在各自赛道的起点线后站立并将沙袋横置于地面，沙袋前沿垂直线不得超过起点线，面向前进方向待命。

（2）令发后，参赛选手双手提起沙袋并扛于单肩之上，迅速跑向终点。

（3）终止计时以参赛选手躯干部任何部分抵达终点线内沿垂直面时为准，用时少者名次列前。

【竞赛规则】

（1）令发前参赛选手身体的任何部分均不得触及沙袋。

（2）行进过程中，所持沙袋均不得触及地面，若因重心不稳而至摔倒或沙袋下滑，但沙袋尚未触及地面，调整后仍可继续前行。

（3）越过终点的瞬间，必须做到人袋合一，若出现沙袋落地至终点线内场地或触压终点线上的现象，则成绩均为无效。

（4）必须始终在各自的赛道内前行，步入他道或影响他道选手的行进，均应视为违例，成绩无效。

15. 摸石过河

【参赛人数】

男、女个人项目，8 人一组同时参赛。

【比赛道具】

（1）赛道总长为 30 米，各分赛道宽 1.22 米。

（2）长 24 厘米、宽 12 厘米、高 6 厘米的木制方砖 24 块，各分赛道 3 块。

【竞赛方法】

（1）开赛前，各队参赛选手在各自赛道的起点线后，手持一块木方，两脚分别站立在起跑线后的两块木方上（两木方在起点线后的赛道内呈横向前、后摆放位置），身体侧对前进方向待命。

（2）令发后，参赛选手先将手中木方迅速放置于赛道前方适当位置，并移动一只脚踩其其上。另一只脚随后前移至空出的木方，随后捡起身后又被空出的本方再放置于赛道前方适当位置，依次反复前行并直至成功越过终点。

（3）终止计时以参赛者过终点线后，捡起终点线内的最后一块木方置于（拍击）终点线外地面时的瞬间为准，用时少者名次列前。

【竞赛规则】

（1）行进过程中，参赛者身体任何部位不得触及赛道地面，参赛者双脚均须各踩一块木方上向前依次移动，若出现双脚同时踩踏或触及一块木方，均属于犯规，成绩无效。

（2）以最后一块木方拍击终点线外地面的瞬间结束比赛，结束比赛时，三块木方均须完整搁置于终点线外地面，任一木方触压终点线视为比赛尚未结束，比赛仍需进行。

（3）必须始终在各自的赛道内操作前行，木方触及分道线、甩脱滑落至远方（无法触及的距离）或步入他道影响他道选手的行进，均应视为违例，成绩无效。

16. 时代列车

【参赛人数】

属于混合集体项目，每队由 4 名队员组成（2 男、2 女），可多组同时参赛。

【比赛道具】

（1）赛道总长为 30 米，各分赛道宽 1.22 米。

（2）准备长方形小旗一面，绸缎面料，其长边为 45 厘米，其短边为 28 厘米。

【竞赛方法】

（1）开赛前，各队参赛者分别于本赛道起点线后成一路纵队依次排好，各队扮饰"车头"者单手持旗上举并于队列首位排定，其他 3

人双臂直臂前举并将双手依次搭放于前位同伴的双肩之上。

（2）令发后，各队在"车头"的带引下，步调一致、同步结队前行（跑），直至全队成功越过终点。

（3）终止计时以整队抵达终点的最后一人躯干部任何部分到达终点内沿垂直面时为准，用时少者名次列前。

【竞赛规则】

（1）行进过程中，除"车头"外，其他人的双手必须搭放在前位同伴的双肩之上，若出现脱手断档、摔绊倒地等现象，即为比赛失败，成绩无效。

（2）必须始终成一路纵队结队前行，错位搭肩（之字形队列）或以其他队列替代均不予记取成绩。

（3）必须始终在各自的赛道内前行，步入他道或影响他道选手的行进，均视为犯规，成绩无效。

17. 单足荡跃

【参赛人数】

男、女个人项目，2~4 人一组同时开赛。

【比赛道具】

长为 100 厘米、宽为 10 厘米、高为 0.5 厘米以下的荡格限制板 2~4 块（塑胶制品），平铺于地面（该板应以胶带与地面固定）。

【竞赛方法】

（1）开赛前，参赛选手于各自荡格限制板前一侧站立，预备令发出后，随即提起左（右）脚成金鸡独立姿势，并做好比赛准备。

（2）令发后，参赛选手迅疾在各自荡格限制板两侧来回反复单脚荡跳，直至比赛结束。

（3）以"来"或"回"成功一次为计数单位，分别以一次予以计算。

（4）竞赛时限为一分钟，以"来"、"回"成功荡跳次数多者名次列前。

【竞赛规则】

（1）比赛进行中，参赛选手若出现更换支撑（跳跃）脚的现象，视为违例，成绩无效。

（2）参赛选手摆动脚（提起之脚）触地，视为违例，成绩无效，

（3）比赛进行中，若参赛选手支撑（跳跃）脚出现踩踏或触及荡格限制板的现象，比赛应照常进行，该次成绩无效。

18. 袋鼠跳跃

【参赛人数】

男、女个人项目，8人一组同时参赛。

【比赛道具】

（1）赛道总长30米，各分赛道宽1.22米。

（2）长约1.2米、宽约60~70厘米的麻袋8条，各分赛道1条。

【竞赛方法】

（1）开赛前，于各自赛道起点线后站立的参赛选手，将双腿（及腰部）套入麻袋，双脚蹬至麻袋底部，双手紧握袋口两侧并上提至齐腰部位。

（2）令发后，在保持身体平稳前行的状态下，充分利用双腿的屈伸蹬地动作连续跳跃（如袋鼠跳跃状），直到成功越过终点。

（3）终止计时以参赛选手躯干部任何部分触及终点线内沿垂直面时为准，用时少者名次列前。

【竞赛规则】

（1）行进过程中，若出现双手滑脱（麻袋完全离开双手）或任何

一脚离袋触地等现象，均视为违例，成绩无效。

（2）因跳跃重心不稳而致跌倒，在手未完全滑脱（此时尚有一手持袋），脚未离袋的情况下，可从跌倒处立起后继续前行。

（3）越过终点的瞬间，必须做到人袋合一，若出现任何违例现象，则成绩无效。

（4）必须始终在各自的赛道内行进，步入他道或影响他道选手的前行，均视为违例，成绩无效。

19. 双足甩包

【参赛人数】

男、女个人项目，全体参赛队员依次进行，试甩轮次为三轮。

【比赛道具】

（1）在类同铅球投掷区的场地上进行，此区域为夹甩区（圈），再将扇形夹角改为 30 度，其夹角内的区域为甩包落地区。

（2）缝制多边形布包若干，其填充物重量为 125 克至 150 克。

【竞赛方法】

（1）当轮到参赛者进行试甩时，该位选手应立即进入夹甩区域，并将布包放置于试甩区域前部适当位置。

（2）试甩前，参赛选手将放置妥当的布包置放于双脚前部之间，用双脚前部内侧夹挤布包上部少许，做好试甩前准备。

（3）试甩时，利用双腿屈膝伸蹬、向前（上）跃跳动作，将脚间紧夹布包甩至前方甩包落地区。

（4）参赛选手每轮各试甩一次，布包落地远者名次列前。

【竞赛规则】

（1）所甩布包必须夹挤于双脚之间，若将布包置放于脚面之上踢甩，视为违例，成绩无效。

（2）每次试甩动作完成后，参赛选手必须从试甩区域后半部退出场地，若从试甩区前半部退出，视为违例，成绩无效。

（3）试甩时，若参赛选手已做完试甩动作，而布包仍留在原地或未甩出试甩区域（圈）者，均应视为一次试甩。

（4）试甩跃起后落地时，单、双脚（身体任何部位）落至或触及试甩区域限制线（圈）或线外地面，视为违例，成绩无效。

20. 速跳夹竿

【参赛人数】

混合集体项目，每队由4名队员组成（2男2女）。

【比赛道具】

在平地上进行，两根一长约2米或2.5米，直径5~8厘米的细竹竿。

【竞赛方法】

（1）4名队员中，2名为夹竿队员，2名为跳竿队员（男、女角色不限，但2名跳竿队员中必须有一名女队员）。

（2）开赛前，2名夹竿队员分别握住两根竹竿的两端，2名跳竿队员双脚站位于两竿之间的空隙区域内，并做好赛前准备。

（3）令发后，2名夹竿队员持竿向内、外连续做"内夹"、"外展"动作，2名跳竿队员随之在两竿的"内夹"、"外展"之下，两脚同时向外、向内连续做"外分"、"内并"动作（夹竿队员向内夹竿时，跳竿选手同时分腿跳起，向外越竿后双脚分别在两竿外着地；夹竿者向外展竿时，跳竿者再并腿内跳，越竿后在两竿内着地）。

（4）以夹竿者向内或向外"夹"、"展"和跳竿者向外或向内"分"、"并"成功一次为一个计数单位，分别以一次予以计算。

（5）竞赛时限为1分钟，次数多者名次列前。

【竞赛规则】

（1）夹竿选手所持竹竿须沿地面向内、向外反复做连续的"内夹、外展"滑动动作，竹竿脱落，视为违例，该次不予计算。

（2）跳竿选手因踩、踏、绊等原因，致使竹竿无法运作，视为违例，该次不予计算。

21. 机智的送水队

【参赛人数】

以队为单位参赛，每队5人。

【比赛道具】

（1）400米椭圆形跑道。如果没有椭圆形跑道，比较开阔能容纳4辆自行车进行接力比赛的场地亦可。

（2）自行车4辆，汽水瓶20只，啤酒瓶100只，天平1只，水壶4只，气球每队10只（最好各队颜色不同），内装氢气。气球直径为1尺左右。

（3）竹竿12根，约1.5米长，用8号铁丝做一个圆圈固定在竹竿顶端，圈的直径必须大于气球的直径，圈外套一个纱线织的网罩。

【竞赛方法】

（1）接力运水。主要比队员托瓶骑车的技巧。在400米跑道上，每队的第一名队员手托一只汽水瓶，内装100克水。枪响，每人手托汽水瓶骑完一圈，瓶不可落地。到达目的地，每个队员将瓶中的水倒入第二个队员手中的瓶子里，将自行车交给第二个队员。直至第三名队员将自行车交给第四名队员。

（2）过"雷区"。队员必须手托瓶子巧妙地绕过地上竖立的啤酒瓶。第四名队员手托瓶子穿过200米"雷区"。200米内摆着一个个竖立的啤酒瓶。必须顺利穿过，既不能碰倒啤酒瓶，也不能跌落手托的汽水瓶。

（3）过"沙漠"。主要比队员的骑慢车技术。第四个队员将瓶中的水倒入第五个队员手中的水壶，第五个队员背水壶通过100米"沙漠区"。要求这100米骑得越慢越好，以人不掉下车为限。

（4）过"封锁区"。当第五个队员到达目的地时，其他4个队员都在目的地等候。其中一人手攥10只氢气球，其他3人各握竹竿网罩。当第五个队员到达时，手握气球的队员便跳上自行车，坐在书包架上。另外三个队员手握竹竿网罩尾随其后。在200米"封锁区"内，自行车上攥气球的队员必须把10只气球放完。而尾随其后的三个队员则用竹竿网罩去捞气球。放气球的队员和捞气球的队员要尽量协作，以捞到尽可能多的气球。

（5）看谁的水最多。通过"封锁区"之后，背水壶的第五个队员把水倒进终点"收水处"。收水处使用天平称出每队水的重量。

【竞赛规则】

（1）接力运水。以每队3名队员共三圈接力完成后的时间快慢计分。第一名10分，第二名9分，第三名8分，第四名7分。瓶子掉地一次扣1分，瓶碎扣4分。所以，该项活动中要求队员手托瓶底但不能摸瓶颈骑车；二是要预备备用的瓶子。

（2）过"雷区"。按到达目的地的先后决定名次。第一名1分，手上的瓶子掉地扣1分，地上的瓶子碰倒扣1分。

（3）过"沙漠"。按到达先后决定名次，最后到达得10分，类推。人落地一次扣2分，落地3次，便无分了。

（4）过"封锁区"。按到达先后决定名次，第一名5分，第二名4分，捞到一只气球加1分。气球捞到而破爆，不能计分。放气球的队员来不及放掉的气球，每一只扣1分。自行车上的人落地一次扣1分。

（5）看谁水最多。每损耗10克扣1分。

22. 脚板追逐

【参赛人数】

比赛时，可由 4 个队同时进行，每队由 3 名队员（两男一女）组成。

【比赛道具】

（1）30 米见方的场地。先在场地上用石灰画出一直径 30 米的圆圈，再画出一个直径 28 米的同心圆，形成宽度为 2 米的圆形跑道。

（2）4 副脚板，每副脚板由 1.5 米长、20 厘米宽、3 厘米厚的两块木板组成；每块木板上安装 3 个可以套进入脚的宽皮带圈气球。需 4 只，系在每队最后一名队员的后腰处。

【竞赛方法】

比赛时，4 队应穿好脚板，在圆形跑道中，分四等距离站好。头一名必须是女队员，手持一根长 0.5 米的木棍，木棍前端有一尖状物，如细铁丝之类。在裁判的口令发出后，4 队同时出发（顺、逆时针均可），比赛哪队跑得快，头名女队员用尖状物刺破前面队最后队员后腰上的气球时，比赛暂停；气球被刺破的队为失败，退出场外。剩下的 3 队重新站位，开始比赛。如此类推，至两队决赛，产生冠军。

【竞赛规则】

（1）第一名 10 分；第二名 8 分，由此类推。

（2）每队 3 名队员，须有 1 名女队员，而且女队员须站在脚板的第一位。

（3）持气球的队员可以闪动身体以躲避对方的尖状物，但不能用手去护气球，也不能用手去遮挡对方的尖状物。否则，判为犯规，扣掉 2 分。犯规 2 次，取消比赛资格，算失败。

23. 空中飞弹

【参赛人数】

组队参赛，每队 4 人为宜，每次 4 个队同时进行。

【比赛道具】

（1）约 10 平方米的空地即可。

（2）一只直径约 5 米的转椅，高度 3 米，安置 4 个坐椅。电动机转动，能运转自如，可以控制转、停。转椅的动力部分是一台马达，配以竞速箱，竞速箱连接转椅中心柱；转速以每分钟 15 ~ 20 转为宜，转椅中心柱需高 3 米，顶端上焊接十字钢架，直径为 5 米。十字钢架的 4 端吊接 4 个转椅。

（3）每队有 50 个小沙袋，约 2 寸见方。4 个队的沙袋应分为 4 种颜色，如：红、黄、蓝、白。每队 3 个小背兜，可用背带背在肩上。布面的颜色要与沙袋的颜色相同。

（4）每队 3 只气球，颜色要与沙袋颜色相同。气球应系在在转椅下面跑的队员的头上。

【竞赛方法】

（1）转椅上坐 4 个队员，每人一个布袋，内装 50 只小沙袋。4 个队员分别属甲、乙、丙、丁 4 个队，颜色顺序为红、黄、蓝、白。沙袋、布袋、小背兜、气球都要颜色一致。裁判吹哨，转椅上的队员向下掷沙袋，要尽快地将沙袋掷完，而且，最好让自己队员接住。沙袋落地不能捡。

（2）坐在转椅上的队员还可以将沙袋掷向他队队员头上的气球，如击破一只他队队员头上的气球，可以加分。

当座椅上的队员掷完沙袋，则可举起自己的空布袋，表示完成。裁判为之记下名次，其余 3 队还将继续掷，直至掷完为止。

【竞赛规则】

（1）按掷完沙袋的先后决定名次，第一名得 10 分；第二名得 8 分；第三名得 6 分；第四名得 4 分。

（2）本队队员接住本队的沙袋，每只沙袋加 1 分。

（3）本队队员接住他的沙袋，每只沙袋加 2 分。

（4）击破一只他队队员头上的气球加 4 分。

（5）气球被自己或己方队员碰破扣 4 分。气球被他方队员犯规碰破，应扣犯规一方 4 分。

24. 天平称水

【参赛人数】

每队 3 人，两队对抗参加比赛，1 人负责喷水，1 人负责压水，1 人运水。

【比赛道具】

（1）10 平方米的平地（不算水源场地）。

（2）1 架人工制作的天平，两端各吊 1 只水桶。两套射水器，两个小铁桶。

（3）天平长 8 米、高 3 米。用木料制作，具体尺寸可以自定，关键是保证两边平衡。天平两端吊的铁皮桶须大小一致，约能盛下 20 公斤水为宜。

（4）射水器的形状与原理似打气筒，用木料制作，尺寸是圆筒直径 30 厘米、高 80 厘米，喷嘴至射水器的水管长度为 1.5 米。

（5）运水桶。运水桶以可盛 20 公斤水为宜，桶底用铁钉钉 3～5 个洞，两个桶洞的大小要一致。至于洞的数目，要看水源与射水器之间的远近，远则洞少些，近则洞多些。具体数目，应作如下测试：让 1 男青年拎 1 只有若干个洞的水桶，将水放满，从水源处跑到射水器处，如剩 1/3 则正好，如超过 1/3 则应增加洞数；如少则减少洞数。

【竞赛方法】

场地一端放置天平，另一端放置两架射水器。每队 3 名队员，各负其责，互相配合，使射水器射出的水尽可能多地射入自己方的天平水桶中，在 10 分钟的时限中，看谁桶中水多，下沉一方为胜。

【竞赛规则】

必须进行两次比赛，因为射水器与运水桶在制作方面，很难达到一模一样。第二次比赛时，双方交换射水器和运水桶。为了使比赛公平，两次比赛必须记下天平倾斜的刻度。最后以刻度数大者为胜。

25. 五子献寿

【参赛人数】

参赛组队每队人数为 7 人，1 人扮寿星老人，1 人扮寿星奶奶。其余 5 人扮献寿桃的童子。

【比赛道具】

(1) 10 平方米的平地。

(2) 自动倾斜台。使用角钢和钢筋焊成框架，表面铺木板，其上有一桌、二椅。此台的动力部分，可以使用电动液压升降器，亦可以使用液压千斤顶（由人工操纵）。自动倾斜台的台面要平滑，光洁度好；电动液压升降器要匀速上升，从 20 度升至 45 度，需 5 分钟。如果使用自动升降器成本高，可以使用液压千斤顶装置，由人工操作。但必须进行反复训练，以达到技术要求。倾斜台上的三椅一桌须固定在台面上。桌面则是活动的。

(3) 老寿星服饰一套，寿星奶奶服饰一套，童子服饰 5 套。寿星老人身穿长袍，头被白发，带髯口（白色胡须）；寿星奶奶身穿长袍，头发花白，有发髻；献寿童子头梳朝天辫，扎红头绳，胸戴红色娃娃兜，鞋蒙红布面，鞋头系一红绒线球，脚踝处戴有响铃圈。

（4）寿桃50只，大托盘5个。寿桃的尺寸为直径20厘米。用泡沫塑料块做原材料，用小刀进行削切成形。如泡沫塑料块较小，则需进行粘合，粘合剂为乳胶。使用化学糯糊掺水跟石膏粉糅合，刮抹在寿桃雏形上，待干后用细砂纸进行打磨，然后喷以淡青花色，桃子尖端，喷以深红色。托盘的尺寸为直径35厘米，以放下3只寿桃为标准。使用三合板或纤维板，锯成直径35厘米的圆片，上面粘贴一层2厘米厚的泡沫塑料。中间挖掉一部分，直径30厘米、深1厘米，表面刮抹化学糯糊、水、石膏粉的混合体，干后用砂纸打磨，喷以白油漆，勾以碟边花纹。

【竞赛方法】

比赛前，寿星老人和寿星奶奶坐在倾斜台上的椅子上。5个献寿童子排队站在寿桃处，手持大托盘。比赛开始，倾斜台由20度角开始缓慢而匀速地上升（从20度升至45度，此竞赛定时为5分钟）。献寿童子把寿桃放到托盘上（一个托盘最多盛3只），从倾斜台的入口，冲上倾斜台，将寿桃放置到桌面上。放到桌面上的寿桃由寿星老人和寿星奶奶处理。桌面是可以活动的，可以随着倾斜台的倾斜，自由调节桌面。比赛成绩在5分钟之内，由桌面所有的寿桃数决定。

【竞赛规则】

（1）竞赛时间为5分钟。

（2）竞赛结束时，以桌面放有寿桃数决定成绩，一只寿桃1分。

（3）献寿童子须穿平胶底运动鞋。赛前，裁判须检查献寿童子的鞋底。

26. 象鼻摘果

【参赛人数】

可以2队或4队同时进行，每队可由5名队员参加。

【比赛道具】

（1）宽 10 米、长 50 米的平地。如参赛队较多，场地应加宽以一队占 5 米宽准。

（2）大象，1 队 1 头。大象 4 条腿为 4 根木棍，每根木棍由 1 名队员操纵；大象的鼻子用一把长长的夹钳制成，夹钳口定在大象的框架上，由一名队员操纵。象鼻处有一洞口，操纵夹钳的队员可以从中向外望。制作大象时，使用 5 厘米见方的木条钉制大象的框架，上面用白布蒙面，勾勒出象耳、象眼、象鼻。夹钳比较难制作，夹钳木杆长约 1.5 米，固定在象头处，用绳子固定，可以上下左右自由运动。从夹钳到象头，有一根操纵绳，放松则夹钳张开，收紧则夹钳闭合。夹钳宽 40 厘米，长度不限。

（3）泡沫塑料制作的苹果、梨子、桃子、石榴各 2 个（如 4 队则各 4 个）。使用泡沫塑料块，制作粘合成 35 厘米的块状，然后用小刀切削成 4 种水果形状，果蒂处使用铁丝安装一个马蹄形环，将铁丝深插入水果中即可。使用化学糨糊与水，跟石膏粉搅和，呈浓稠状刮抹在水果表面，待干后用细砂纸打磨，然后喷以各种水果的颜色即成。

3 米立柱 4 根（如 4 队则 8 根）。立柱立于起点和终点，之间用铁丝相连，使用较细的棉线将泡沫塑料的水果间隔挂在铁丝上。

【竞赛方法】

赛场上，参赛队同时出发。4 名队员操纵象腿，1 名队员操纵鼻子夹钳。5 名队员中只有操纵夹钳的队员可以望到外边，这就需要统一指挥，动作协调一致。摘果必须是夹钳夹住后，才可摘果，不能使用夹钳去碰撞水果。

【竞赛规则】

（1）以摘掉水果的数量和速度决胜负。

（2）在没有犯规的基础上，将水果全部摘完，可按时间决定名次第一名为 10 分；第二名为 8 分，依此类推。

（3）越出跑道界限一次，扣 *1* 分；摘果犯规（如碰掉水果，或撞掉水果），扣 *2* 分。

27. 西天取经

【参赛人数】

每队 *8* 人，分成甲乙两组。

【比赛道具】

先由甲组当取经队，*4* 人分别扮演不同的角色：

（1）唐僧用单脚打坐，合掌。

（2）孙悟空手搭凉棚抬起左膝。

（3）沙和尚向后抬起一条腿做挑担状。

（4）八戒左臂曲肘撑头，右腿屈膝搭在右大腿上，身体稍后倾做睡懒觉状。

乙组都当妖怪。

【竞赛方法】

竞赛开始，主持人"*1*、*2*、*3*——"有节奏数数（击掌），乙组的又喊又叫"妖怪来了，妖怪来了。"并去挑逗甲组的人（但不能推碰拉触）。

【竞赛规则】

甲组的人坚持不动，一旦有人失去平衡双脚落地就算失误。接着两组互换角色，竞赛继续。哪组坚持不倒的时间长哪组为胜。

28. 熊猫吃竹

【参赛人数】

此项竞赛由 *4* 个队同进进行，每队 *2* 人（一男一女）。男队员为

"熊猫"，女队员为"指挥"。

【比赛道具】

（1）20～25平方米的平地。

（2）4个没有眼的熊猫头罩。制作时，用长90厘米、宽1厘米的竹篾条3根，用酒精灯烤弯成2/3的椭圆形。然后用竹篾条横扎固定，使其直径约30厘米左右。用牛皮纸裱糊内外（一层即可）。使用竹篾条约20厘米，烤成半圆状（两个），固定在椭圆形上端，为熊猫的耳朵（上面亦裱糊一层牛皮纸）。头罩里面用旧报纸裱糊3～5层。外面使用1厘米厚的泡沫塑料块粘贴一层，在外面再用旧报纸裱糊3～5层即可。待纸胎干透，使用黑白油漆修饰，便做成一个熊猫头罩。为了使"熊猫"队员听清鸣响器，可在头罩两侧各钻一个小孔。

（3）4枝翠竹，竹竿分别为红、黄、蓝、白色。制作时，一根直径2～3厘米、长约1米的竹竿，下端需安装一根尖状铁条，用以插立地上。将几根18号铁丝，长约40厘米，把1/6的部分交替绑在竹竿上，然后使用白色绷带条缠绕竹竿。铁丝上也要缠绕上绷带。4根竹竿刷以4种颜色的油漆：红、黄、蓝、白（注意：只刷下半截）。上半截与铁丝均刷以草绿油漆。最后一道工序是将绿色蜡光纸剪成竹叶状，粘贴在铁丝上。

（4）一座小方屋，四面有4个门，4个门框分别涂以红、黄、蓝、白4种颜色。方屋用三合板蒙面制成，木条作框架。尺寸可以自定，一般以2米见方为宜。

（5）口哨、短竹笛、响板、小鼓各一，每队各执一种。

【竞赛方法】

（1）小方屋摆在方地中间。竞赛开始前，各队"熊猫"队员在裁判的指挥下，戴上熊猫头罩，排成一排。把口哨、短竹笛、响板、小鼓放置于4人前5米处，然后令4人同时去取鸣响器，取到什么便使用什么。然后，"熊猫"队员与"指挥"队员各自回到裁判指定的位置，可以花3分钟讨论鸣响器的使用方法。时间一到，由裁判指挥，各队"熊猫"队员站在方屋四周。各队"指挥"队员站在正对自己门框的边界处。

（2）"熊猫"队员戴上头罩，由裁判推着，围着方屋转几圈，然后推至方地的四周。裁判则任意将4枝翠竹放到方地的四角。

（3）竞赛开始后，各队"指挥"队员用鸣响器，按照赛前讨论的方法，指挥"熊猫"队员穿过标志本队颜色的方屋门，直至取到本队的翠竹为止。

【竞赛规则】

（1）竞赛时间为5分钟。5分钟内"吃"到翠竹的，可得分。

（2）5分钟内，如果只有一个队取到翠竹，可得10分；如果有两个或两个以上取到翠竹，那么，应按先后顺序得分：10分；9分；8分；7分。

（3）"熊猫"队员出界，扣2分。

（4）"熊猫"队员取到他队的翠竹，扣5分，翠竹应归还原处。

第四节 闯关游戏训练

1. 闯三关

【参赛人数】

竞赛者每二人一组成二路纵队站立。

【比赛道具】

长绳 3 根。

【竞赛方法】

选出三对摇绳者,保持一定间隔,按同一节奏摇绳。组织者发出"开始"的信号后,二人拉手跑过三根摇动的长绳,顺利通过三关者为优胜,碰绳者应与摇绳者互换。

【竞赛规则】

摇绳人不得任意加快减慢摇绳的速度;必须按照规定的间隙"闯关"。

2. 夺球追赶

【参赛人数】

人数不限。

【比赛道具】

在篮球场上,竞赛者除一人做跑者外,其余每人持一个篮球,面向外部围成一个圈。

【竞赛方法】

一个人沿圈外道逆时针方向奔跑,跑者可随时趁持球人不备从其手上夺抢球,然后继续奔跑。被抢人立即追赶,在到原位之前追上逃者得 *1* 分。如未追上,被追者占据追者空位,则追者改为抢球者。

【竞赛规则】

(*1*)持球人单手平托球。

(*2*)夺球人或追球人都按逆时针方向奔跑,奔跑时不得离圈 *1* 米以外。

(*3*)用手碰到抢球人身体即为追上。

(*4*)不能有拍、推等危险动作。

3. 水中障碍接力

【参赛人数】

参赛人数 *10* 人,将竞赛者分成人数相等的两队,各自排成一路纵队。

【比赛道具】

两队相隔 *3~4* 米,平行站着。接力赛程上设置一些不同的障碍物:救生圈或汽车内胎、大木头、网、小船等。比赛地点要预先仔细地检查有无暗石、树桩、杂物等,以免发生意外。

【竞赛方法】

哨声响后,两队的第一人出发游到指定的地点后再游回。竞赛者要爬过这些障碍或从这些东西下面潜泳过去。第一人游到原处后,第二人就可出发。

【竞赛规则】

所有的竞赛者都要依次在指定距离中来回游一次。

4. 迷宫

【参赛人数】

每队 3 人或 4 人，分两队。

【比赛道具】

（1）先选一个做"逃的人"，一个做"追的人"，分别站到队列的两头。其余的人排成几路纵队，每人侧平举手。每个人之间的距离，前后左右都是等于两只伸直的手臂的长度。

（2）预先讲定竞赛规则：每发一次信号（喊口令或吹哨子），大家向右转 90 度，仍旧侧平举手。

【竞赛方法】

裁判员叫大家牵起手来开始竞赛。他不时发信号，竞赛者就不时向右转，使队伍间"走廊"的方向变幻莫测，好像成了一座迷宫。这时逃的人在队列间逃跑，追的人在后面追赶，后者尽量捉到前者（拍到就算捉到）。要是逃的人给追的人拍到了，两人就互换角色。等到新的追的人拍到逃的人以后，就另外选出两个人来做这个竞赛。原来的两个人站到空出来的位置上来。

【竞赛规则】

注意比赛时，逃的人和追的人只可在队列之间跑来跑去，不可从竞赛者的手臂下钻过去，也不得拉开他们牵着的手。

5. "全部"和"一部"

【参赛人数】

8 ~ 12 人。

【比赛道具】

参加竞赛者站成一个圆圈。选出的"带头人"拿一个球，站在圆圈中央。

【竞赛方法】

带头人把球掷给任何人，掷球时要喊某种物品的一个部分的名称。接球者一面接球，一面立刻说出跟带头人说的名称有关系的物品。若说错了，或说出的东西跟带头人说的合不来，或接到了球才补说物品的名称，都算失败者。失败者举起一只手臂，暂时停止游戏。过一会儿，带头人又把球掷给他，若他这次答对了，就可放下手臂，继续竞赛。

【竞赛规则】

从未举过手的人就是优胜者。

6. 绕线前进

【参赛人数】

8~12 人，将竞赛者分成人数相等的两个队，站在起点线后。

【比赛道具】

画两个 *2* 米左右的圆圈，两圈之间的距离应大于 *1.5* 米。每个圆圈的边线上放 *8* 根小木柱、*2* 个实心球。

【竞赛方法】

竞赛开始，排首跑出起点线，手推实心球前进，并绕过每根小木柱返回起点线。

【竞赛规则】

如果小木柱被撞倒，应扶起后继续进行竞赛。然后将球交给第二个竞赛者，自己回排尾站好。依次进行。

以倒下木柱次数少、完成速度快的队为胜。

7. 双脚跳绳接力赛

【参赛人数】

10~20 人，将竞赛者分成人数相等的两队。

【比赛道具】

跳绳若干，一块篮球场。

【竞赛方法】

两队分别成纵队站在篮球场的端线外，排头持绳做好准备。听到出发口令后，双脚跳绳到前场端线然后返回，把绳交给第二名队员，第二名队员按同样方法进行。两组都做完后，以速度快慢分胜负。

【竞赛规则】

只许双脚跳，不许单脚跳；交绳必须在端线以外。

8. 全能运动员

【参赛人数】

10~20，将竞赛者分成人数相等的几个队。

【比赛道具】

竞赛者成纵队排在篮球场的一头端线上，排首各捧篮球 *1* 只。篮球场上布置好低栏、体操凳、垫子等，也可以用其他物体代替。

【竞赛方法】

发令后，排首的竞赛者向前起跑，钻过两个低栏，走过体操凳，在垫子上连续作两个前滚翻，随后站在罚球线上投篮。投中者跑回起点线将球交给下一个竞赛者，依次进行。

【竞赛规则】

在规定的时间内，以失误少、完成好的队为胜。

9. 看谁踢得多

【参赛人数】

8~10 人，每两人为 *1* 组。

【比赛道具】

根据人数画若干直径为 2 米的圆。每两人 1 只毽子。

【竞赛方法】

将竞赛者分为每两人一组,其中一人站于圆圈内,按规定的踢毽子方法,听信号开始连续踢毽子,直到中断为止,再交给另一人进圆圈踢,看谁踢得多,多者为胜。

【竞赛规则】

以连续计踢数,失误一次为中止;必须在圆圈内踢,出圆圈判为中止;必须按规定动作踢。

10. 传踢毽

【参赛人数】

8～16 人,分成若干组。

【比赛道具】

画圆若干,每组一个圆,每一个圆中备 1 只毽子。

【竞赛方法】

将竞赛者分成若干组,每组选一人站于圆心,其他人分散站于圆上。听信号开始,圆内人将毽子踢给圆上某个队员,队员将毽子再踢还给他,他再把毽子踢给相邻的队员,按规定顺序和方向连续往返踢毽子,在规定时间内连续踢得多者为胜。

【竞赛规则】

圆圈内人依次向圆上竞赛者传踢,中间不能空人不传;自选踢毽方法;毽子落地为一次结束。

11. 双人跳绳赛

【参赛人数】

8～12 人,分成人数相等并为偶数的两队。

147

【比赛道具】

跳绳（长2.5米）2根。在场地上画两条相距15米的平行线，一条起点线，另一条为折回线。

【竞赛方法】

两队各自站在起点线后，横排两人为一组。各队第一组竞赛者并肩站立，一人左手握绳柄，一人右手握绳柄，把绳荡在身后做准备。竞赛开始时组织者发令，二人同摇一根绳并跳绳跑到折回线。脚触线后，二人再跳绳返回本队，把绳交给第二组，然后站到队尾。第二组竞赛者接绳后，依照前面方法进行，直至全队轮流一次后，以先完成的队为胜。

【竞赛规则】

跳绳跑时，必须连续一摇一跳，不得全跑。中途失误停绳后，必须在原地重新摇绳后，方能前进。两人的脚都触到折回线后，方能返回。

12. 飞龙抢珠

【参赛人数】

10～20人。

【比赛道具】

排球场一块，排球1只，放在球场中心。

【竞赛方法】

将竞赛者分成人数相等的两队，各成一列横队。侧对排球分别站在两端线外，各队手拉手组成龙体，远离端线侧为龙头。竞赛开始，由龙头开始迅速穿插于第二、第三人手臂下面；第二人也跟着穿插，然后依次从第三、第四人，第四、第五人……手臂下穿过，后面的人也跟随穿插，全队成S形前进，直至龙尾，最后由龙头抢球，以抢到

148

球的龙为胜。

【竞赛规则】

龙头抢球时，龙体不得解散。龙头抢球后排至最后做龙尾，第二人为龙头，竞赛重新开始。

13. 母鸡捉小鸡

【参赛人数】

将竞赛者分成人数相等的两队，每队 6 ~ 10 人为宜。

【比赛道具】

平整空场地一块。

【竞赛方法】

参赛者手拉手成一横队。每队一头为母鸡，另一头为小鸡。竞赛开始，两队母鸡分别去捉对方的小鸡。每捉到 1 次得 1 分，竞赛结束时，以得分多的队为胜。

【竞赛规则】

在竞赛过程中各队不得松手；任何人不得以任何形式阻挡对方的行动。

14. 渔网捕鱼

【参赛人数】

人数不限。

【比赛道具】

空场地一块。

【竞赛方法】

开始时由一位竞赛者进行抓人，抓到一位时，两人手拉手成

"网"继续抓。每抓到一人"网"增加一人，直到抓完所有的人，为竞赛完成。

【竞赛规则】

网尽量不断，断后抓到的人不算数。

15. 二人三足赛跑

【参赛人数】

10～20人，分成人数相等的两队。

【比赛道具】

布带子2条、小旗2面。在场地画一条起跑线，在线前20米处并排插2面小旗。

【竞赛方法】

参赛者两人一组站在起跑线后。各队第1组用布带子把两人的异侧脚（一人左脚、一人右脚）的踝关节绑在一起，互相搂肩，准备起跑。竞赛开始，组织者发令后，各队第1组立即向前跑，绕过小旗跑回起跑线，把布带解开交给第2组。竞赛照上述方法依次进行，每人轮流跑一次，最后以先跑完的队为胜。

【竞赛规则】

必须在起跑线后把脚绑好，不准抢跑。若中途带子散开，应在原地绑好后继续跑。

16. 打蛇尾

【参赛人数】

9～18人，将竞赛者分成人数相等的3个队。

【比赛道具】

排球 *1* 只；在场地上画 *1* 个直径为 *10* 米的圆圈。

【竞赛方法】

一、二两队的竞赛者均匀地站在圆圈外，由 *1* 名竞赛者持球准备掷击"蛇尾"。第三队成纵队，后面的人扶前面人的腰站在圆圈内。竞赛开始，组织者发令后，圈外的人相互传递球，捕捉时机，掷击"蛇尾"。"蛇头"可以用手挡打来的球；"蛇尾"则迅速奔跑躲闪，以避开来球。如果"蛇尾"被球击中，则担任"蛇头"，圈外的人，再打新的"蛇尾"。竞赛如此依次进行，直到全队均担任过"蛇尾"并被击中为止；然后，与第一或第二队互换角色，竞赛继续进行。

【竞赛规则】

掷击者必须站在圈外；不得踏、越线，只准掷击"蛇尾"的腰部以下部位；"蛇头"、"蛇尾"必须保持纵队队形；"蛇尾"不能蜷缩在队伍内，队伍也不能断开。

17. 打敌人

【参赛人数】

20 人，分为人数相等的两组。

【比赛道具】

画一大圆，沙包 *2* 个。

【竞赛方法】

参赛者一组站于圆上，另一组在圆内任意跑动。圆上为进攻者，圆内为防守者。进攻者持 *2* 个沙包，听到信号后，同时向圆内防守者投去，防守者机智地躲闪，被沙包击中者退出大圆，连续进行，每次 *3~4* 分钟，听信号结束。由组织者清点剩余人数，然后两组交换进行，看哪组被击中的人数多，多者为胜。

【竞赛规则】

沙包必须击中有效部位，有效部位为腰部以下。防守者准许接沙包。

进攻者不准进入圆内，防守者不准出圆。

提示：画圆圈的大小要根据人数的多少定，人多圆画得大些，人少圆画得小些。组织者注意防守者如有用手接沙包的，按被击中处理。

18. 钻山过河

【参赛人数】

20 人，分成四队。

【比赛道具】

小旗 4 面，藤圈 4 个，垫子 4 块。在场地上画一条起跑线，起跑线前 5 米处，画两条相距 2 米的平行线为"河沟"，15 米处并排间隔适当距离放 4 块垫子和 4 个藤圈，25 米处对准垫子各插一面小旗。

【竞赛方法】

将竞赛者分成人数相等的四队，成纵队分别站在起跑线后，各选出一人，在垫子前拿一藤圈做成山洞，"洞口"对准本队排头。发令后，各排头迅速前跑，跑过"河沟"，钻出"山洞"，跑到终点绕小旗从左侧返回，返回时再跳过"河沟"，拍第二人的手掌。第二人用同样的方法进行竞赛，以此类推，以先完成的队为胜。

【竞赛规则】

必须按规定方法"过河"、"钻山洞"，绕过小旗，否则判该队失败；后面的人不能踩线，必须被拍手后再跑。

19. 夹膝跳

【参赛人数】

8～10 人，分成人数相等的 2 队。

【比赛道具】

画两条相距 15~20 米的平行线为起点线与终点线。

【竞赛方法】

竞赛者站在起点线后，两脚并拢，双膝夹着一张厚纸或折叠的手帕。发令后，双脚紧夹，连续跳向终点。

【竞赛规则】

以膝间夹物不掉落，而且先到终点者为胜。

20. 捡沙包

【参赛人数】

20 人，分成 4 组。

【比赛道具】

在场地上画 4 个平行的直径 1.5 米的圆圈，距各圈前 3~5 米处各放置 3 个沙包，气球 4 只。

【竞赛方法】

将竞赛者分成 4 组。竞赛开始，各组第一人持气球站在本组的圆圈内，听口令后，将气球抛向空中，然后迅速跑至放沙包处取回一个沙包，跑回圆圈接住落下的气球，将捡回的沙包放在圈内，再抛气球捡回第二、第三个沙包，第 1~4 名分别得 5、3、1、0 分。各组依次进行，直至全组完成，累计得分多者为胜。

【竞赛规则】

捡到沙包返回圆圈时，气球落地无效，应重新进行；必须在圈内接住气球，否则无效。

21. 叫号接球

【参赛人数】

20~40 人，10 人为一组。

153

【比赛道具】

篮球若干。在场地上画若干个直径为 *8~10* 米的大圆圈，在每个大圆中心画一个直径为 *1* 米的小圆。

【竞赛方法】

竞赛者 *10* 人一组分为若干组，各组竞赛者在大圆圈外站好，然后按 *1~10* 报数，每人所报的号数作为自己的代号，各组选出一名竞赛者持球站在小圆圈内。竞赛开始，持球者用力向上抛球，同时高喊一个号数，如 "*3* 号！" *3* 号竞赛者听到喊声迅速跑向小圆圈内接球，抛球者则向圈外的 *3* 号位跑去，*3* 号竞赛者在球落地前将球接住后，立即用球去掷触抛球者，若在抛球者跑到 *3* 号位前触中，则抛球者仍回小圆抛球；如未触中或未接到球均由 *3* 号竞赛者在小圆内抛球喊号，竞赛继续进行。

【竞赛规则】

抛球者必须站在圆心垂直向上抛球，抛出的球要有一定高度；抛球开始与喊号必须同时进行；被喊号者未接住球或只接住球而未触到抛球者，均应在小圆内抛球喊号；抛球者在出圈前被触中应仍回小圆内抛球。

22. 步伐移动

【参赛人数】

20 人，分成两队。

【比赛道具】

平整空地一块。

【竞赛方法】

竞赛者成体操队形站好，成排球准备姿势，即两脚开立，屈膝降低重心，脚跟稍抬起，两手放松置于腹前，目视前方，面向组织者，随组织者的手势做动作。组织者的手向左、右摆动，竞赛者做右、左侧滑步；向前、后摆动，竞赛者做前进跑、后退跑。

【竞赛规则】

按照各种滑步的技术要领做，做错方向或反应慢者表演一个节目。

23. 打脚踝

【参赛人数】

8~12人，两人一组。

【比赛道具】

空地一块。

【竞赛方法】

竞赛者两人一组，间隔距离以互不干扰碰撞为宜。组织者鸣笛后，两人互相以单手拍打对方小腿以下的脚踝部位，同时尽量不让对方打中自己。每打中一次得一分，在规定时间内得分多者为胜利。

【竞赛规则】

打中小腿以上部位无效。

24. 躲流弹

【参赛人数】

20人，10人为一队。

【比赛道具】

篮球场地一块，篮球、排球各1只。

【竞赛方法】

将竞赛者分成人数相等的两队，每队选出一名队长。两队队长猜拳决定攻、守后，进攻队成纵队站在一侧端线外，排头手持篮球做好运球准备。防守队分成人数相等的两组，分别分散站在两侧边线外，其中一人手持排球做好投击进攻的准备。竞赛开始，进攻队排头向另一端线运球快速奔跑，如途中不被击中安全抵达时，则为本队得 1 分；如运球安全返回原处时，则又为本队得 1 分。全队依次照前进行。防守队员站在两侧边线外，当进攻队员运球跑时，以排球掷击其身体腰部以下的部位或手中的球。该队队员若被击中，即算失败，应立即返回原处将球交给第二人运球跑。当进攻队每人进攻一次后，累积得分，攻、守双方交换进行竞赛，最后以得分多的队为胜。

【竞赛规则】

防守队员可互相传递球和连续掷击进攻队员，但掷击时不得越过边线。进攻队员运球时，运球失误或被击中，均算失误，并换下一名队员进攻。

25. 活动篮筐

【参赛人数】

20 人，分成两队。

【比赛道具】

篮球 1 只，篮球场地一块。

【竞赛方法】

把竞赛者分成人数相等的两队，每队指定三人手拉手围成圆圈作为活动的篮筐，在本队半场内任意活动。竞赛从中圈跳球开始，双方像篮球比赛那样进行攻守对抗，获球队通过传球，设法将球推进或投入对方的篮筐，每投中一球得 1 分，防守队设法获得球权转入进攻，竞赛反复进行，在规定的时间内以获得的分多的队为胜。

【竞赛规则】

做"活动篮筐"的队员，不准松手或缩小圆圈，只能用移动的方式不让对方投中；进攻队员只准传球，不准运球或持球跑；出现违例或犯规时，均由对方罚界外球。

26. 篮板反弹球

【参赛人数】

8～10人，分为两队。

【比赛道具】

篮球1只，篮球场地。

【竞赛方法】

竞赛者进入篮球场地三分区内，各选任意位置站立。一人向篮板投球，球反弹后如弹跳中碰到任何人，则该人出局，投球者可继续投。如未碰到任何人，则投球者可再投，最多三次，如还碰不到任何人，则投球者将投球权转交下一人，以此类推，直至场地内仅剩一人，该人胜。

【竞赛规则】

场内人躲避来球时不得双脚移动，但可以单脚支撑，以改变身体姿势的方法躲避来球，可做侧体、下蹲等动作。

27. 斗智斗勇

【参赛人数】

10～12人，两人一组。

【比赛道具】

平坦空地。

【竞赛方法】

竞赛者两人一组，面对面站立，两臂前平举，以两手掌相触为间隔距离。竞赛开始，双方可利用推、拉、拨、闪的动作迫使或诱使对方失去重心使脚步移动，使对方脚步移动者为胜。

【竞赛规则】

只许用手推、拨、拉、闪，不许用掌或拳打；任何一只脚移动就算失败；双方的脚同时移动算和，应重赛。

28. 运动过杆

【参赛人数】

20人，分成两队。

【比赛道具】

8支旗杆，第1杆距离起运线3米，前5杆杆间距2米、后3杆杆间距1.5米。

【竞赛方法】

参赛队队员成一路纵队站在起运线后，处在排尾的队员（即离旗杆最远的队员）控球。裁判员鸣哨开始比赛后，该队员将球从前面队友两脚间传至前方，排头队员接球并转身开始运球绕杆。完成"往返"运球绕杆后，快速运球至队尾将球从前面队友两脚间传至前方，以此类推。第6位队员完成绕杆后，将球停在起运线上或以后，计时停止。

【竞赛规则】

各队必须按场地标记列纵队（即正对旗杆列队）。队员传球时，若球在中途受阻，允许其他队友帮助，但不允许用手触球，违者取消全队成绩。不允许接球队员站在起运线上或后面（即起运线与旗杆之间范围内）接球，违者取消全队成绩。绕杆中，凡漏杆均无成绩。绕最后一杆（第8杆），"往返"不允许在同一侧完成，否则按漏杆处理。前8名记分，若成绩相等，各队出1名队员，进行12部位颠球比赛，按部位数量及组数决定名次，部位数量及组数多者名次列前。

29. 顶球赛

【参赛人数】

12~20人，分成4队。

【比赛道具】

足球若干。

【竞赛方法】

将竞赛者分成人数相等的若干队，各成一路纵队间隔4米距离站好，每队选出一名抛球人，面对本队排头站在距离排头3米处，手持足球做好准备。竞赛开始，各队抛球人将球抛给本队第一人，第一人用头将球顶回给抛球人，待抛球人接住后站到队尾。其余人照前依次进行，每队每人轮流一次，最后以累积顶接球次数多的队为胜。

【竞赛规则】

抛球人接住本队顶回的球算成功一次；各队要按顺依次顶球，否则算失误。

30. 高抛快跑

【参赛人数】

20人，分成两队。

【比赛道具】

排球或足球1只。

【竞赛方法】

把竞赛者分成人数相等的甲乙两队，甲队推选一人持球站在小圆圈内为抛球者，乙队推选一名队员站在大圆圈附近为接球者。竞赛开始，抛球者将球尽量高地向上抛起，并必须使球落在大圆圈内。当抛球者抛球时，站在起跑线上的甲队全部队员急速跑到终点线并折回跑到原处。同时，站在圈外的接球者进入圈内接球，并立即将球抛传给本队离自己最近的一名队员。这个队员接球后立即运球进入小圆圈，然后用球投击还没来得及跑回线上的任何一名甲队的队员，掷中一人即得 1 分。之后双方交换，竞赛重新开始。

【竞赛规则】

乙队队员若不能掷中甲队队员，则甲队做跑者，但乙队需换一名接球者。抛球人若将球抛出圈外，（直径 7 米）对方即可得 1 分。乙队运球到小圆圈后，甲队没有人跑回起跑线得 2 分；若能掷中甲队再得 1 分，若掷不中则甲队得 1 分。乙队运球到小圆圈前，甲队已全部跑回线上，甲队得 2 分；只能投击对方腹部以下，违者算失误。

第五节　合作游戏训练

1. 舞龙头

【参赛人数】

8~12 人。

【比赛道具】

一块场地。

【竞赛方法】

通过抽签，决定活动的先后次序。由一名队员当"龙头"，其他队员们都排在他后面成一路纵队。活动开始，主持人播放音乐，龙头按节奏以足踏步前进，大家尾随，接着，他做各种各样引人发笑的动作，如鸭子步、熊走、猫行、孙悟空、猪八戒、醉汉、老头儿老婆儿赶集，或者冲锋、投弹、游泳、滑冰、开摩托车等，后面的队员要跟着"龙头"模仿，并且招手不断地邀请观众们。观众来了兴致，也可以加入到欢快的行列中去。

【竞赛规则】

一旦龙头想不出新动作、重复已做过的动作或者长时间地不变化，即为淘汰。接着换下一位队员当"龙头"，活动重新开始。以创新变化动作多者名次列前。

2. 移动火车

【参赛人数】

8~12 人。

【比赛道具】

平坦场地。

【竞赛方法】

先选一人做裁判员，将参赛者分成两队。若参加人数多，可多分几队，或举行接力比赛。画终点线与起点线。每队后面的人，双手扶在前面人的肩上，或者扶在腰上，扮成一列"火车"，队首两人叉腰，站在起点线的后面。裁判员一声令下，两列"火车"便可由起点线出发，向终点线行进。

【竞赛规则】

在途中，个人不可将手放下，必须保持原来的姿势竞走。哪列"火车"竞走得最快，而又没有脱节或出轨的算优胜。

3. 龙舟竞赛

【参赛人数】

10～20人，分成两队。

【比赛道具】

将两根长竹竿平行地放在地上，竹竿的长度可根据人数来决定。在两根长竹竿的两端，放两根短竹竿。短竹竿的尺寸，可略大于肩宽。短竹竿和长竹竿垂直，用细绳缚好，就成一艘龙舟。做两艘同样的龙舟，放在起点线的后面。起线和终点都用白粉画上一道线，中间的距离大约*10～14米*。

【竞赛方法】

参加竞赛的人数至少要*10*个人以上，平均分成两队，每队排成单行纵队，每队的队首站在起点线，面向终点线，根据龙舟的容量，每次由*4*人*6*人或*8*人同时来划舟竞渡。

"开始"的口令发出后，两艘龙舟同时向终点线竞渡。每个人只可用一只手捏住竹竿，另一只手规定要作划船的样子。注意在竞渡的时候，步伐要一致，事先每队可拟好"左右左"或"一二一"的喊声，使动作一致。到了终点线后，要急速转身，将龙舟划回起点线的后面，并将龙舟交给下一班，继续竞渡。

以最先竞渡完毕的一队为胜。

【竞赛规则】

不按规定动作操作者判输。

4. 小鸭走路

【参赛人数】

20~40 人，每队 5~7 人，分为若干队。

【比赛道具】

把竞赛者分成人数相等的若干队，每队 5~7 人。

【竞赛方法】

选半个排球场，把端线和中线分别作为起点线和终点线。各队在开始竞赛的时候排成一路纵队，由第一人坐在第二人的脚背上，第二人坐在第三人的脚背上……后边的人两臂前伸并搭在前面人的肩上。

【竞赛规则】

当发令后，各队协力向前移动。不能散开脱节，脱节为失败。以每队最后一名队员的臀部最早过终点线的为胜。

5. 夹运三球

【参赛人数】

8~12 人，两人为一组。

【比赛道具】

竹竿、足球、橡皮筋、独木桥、门洞、花盆等。

【竞赛方法】

发令后跑到第一站的圆圈内拿起两根竹竿（长2米）的两端，并用竹竿夹住3只足球，然后小心翼翼地跨过橡皮筋网格，横越双独木桥，钻过门洞，绕花盆一周。

【竞赛规则】

途中不掉球先到达终点的组为胜。

6. 六人板鞋

【参赛人数】

12～26人，分为2～4队。

【比赛道具】

长板拖鞋、鞋套、提绳等。

【竞赛方法】

每队六人，发给一双长板拖鞋，上面有六个鞋套，鞋头有提绳，要求六人一起套穿上大板拖鞋，发令后，一起喊"一，二！一，二！"协调前进，途中不得跌跤，先到达终点者为胜。

【竞赛规则】

中途跌跤者判输。

7. 团队热身

【参赛人数】

8～20人。

【比赛道具】

小队旗，大号水笔，粘贴纸和草稿纸若干份。

【竞赛方法】

参赛者先逐一作自我介绍，然后选出队长，集体讨论给本小队起队名，设计队旗、队徽，创作队歌并确定自己的口号。时间规定为 5 分钟，完成后派出代表，各用 1 分钟的时间，向主持人和观众依次展示作介绍。

【竞赛规则】

在规定的时间内做完者，经评比决出名次。

8. 过关斩将

【参赛人数】

32～128 人。

【比赛道具】

在场地的东南西北各端各画两个相距 2 米的方块代表"关"，再用对称型的线条交叉连接起来代表路，每条路长 30 米。

【竞赛方法】

将队员等分成 8 队，排纵队站于各自的关后。发令后，各队排头从关口沿路线跑出，同一路线两人相遇即可用脚或手猜拳，决出胜负，胜者继续前进，负者退出竞赛并迅速通知下一队人马上出发再去较量……直至有一方连斩数将冲进对方的关，就算胜了一局，接着交换对手再玩，最后积分多的队为胜。

【竞赛规则】

用脚或手猜拳时，迟出或慢出者无效。

9. 思维体操

【参赛人数】

6~12 人。

【比赛道具】

收录机，音乐带。

【竞赛方法】

选择若干节奏明快、健美、欢乐的音乐，配上体操口令，只连续重复喊节拍，灌好录音。做操的时候，培训主持人用收录机播音领操，但每节操不报名称，也不呼起止，只是让队员先看一遍主持人的示范，接着马上就得跟节拍照做，不得犹豫或反方向，一旦错了必须立即自觉纠正。主持人领做各节动作基本上仍遵循编操规律，但花样繁多，变化莫测，每节究竟做几个八拍也是灵活决定的，时常故意颠来倒去，甚至做单侧的、行进间的、坐地的，达到目的便关机结束。

该竞赛生动活泼，能有效地提高队员的大脑皮层神经细胞的兴奋性，增加欢乐的气氛，高度集中注意力。完成后，可议论一下心得体会，如何才能适应变化多端的任务。

【竞赛规则】

连续三套体操跟不上节拍者，自动退出。

10. 过湿地

【参赛人数】

12 人，分成两队。

【比赛道具】

高跷、长、短绳。

【竞赛方法】

发给各队一副高跷，1 根 25 米长的绳、2 根短跳绳、2 根长跳绳。要求全体队员通过一块长 30 米宽 2 米的"湿地"。

【竞赛规则】

脚碰着湿地者，判输。

11. 勇气号登陆车

【参赛人数】

12～36 人，4 人一组。

【比赛道具】

绿茵场或郊外草地。

【竞赛方法】

每组四人，按东南西北方向成小正方形图案的俯卧，并依次将自己的双脚背搭挂在下一人的后背上，组成一个无脚着地、仅有四双手撑地的"登陆车"。现在要求各小队派四人上场，不准用任何东西，只利用四人的身体，做成一辆勇气号登陆车，只能以手触地，其他部分不得碰地，成功之后还须做到：

（1）牢固，并坚持得时间久。

（2）四人一起喊"一，二！一，二！……"做俯卧撑，看哪组做得多。

（3）比赛"登陆车"移行的距离，看哪组成绩好。

（4）比创想内容多（如：比原地转圈多，月球车搬运小折垫等）。

【竞赛规则】

胸腹部不得触地。

12. 面对面地介绍

【参赛人数】

20 人以上，分成 2 队。

【比赛道具】

一块平整的场地。

【竞赛方法】

将所有人排成两个同心圆，随着歌声同心圆转动，歌声一停，面对面的两人要相互自我介绍。

【竞赛规则】

（1）排成相对的两个同心圆，边唱边转，内外圈的旋转方向相反。

（2）歌声告于段落时停止转动，面对面的人彼此握手寒暄并相互自我介绍。不能完成上述动作者判输。

13. 盲人方阵

【参赛人数】

20 人左右。

【比赛道具】

30 个眼罩，25 米长的绳子 1 根。

【竞赛方法】

在队员蒙上眼睛后，让每位队员原地转三圈，再向前走 5 步。然后老师将一捆缠绕在一起的绳子交给队中的一位队员，要求团队在 30 分钟之内利用这捆绳子组成一个最大的正方形；队中所有成员相对均匀地分布在四条边上。

【竞赛规则】

在项目没有完成之前不许解开眼罩。

14. 卧式传递

【参赛人数】

10 人以上。

【比赛道具】

一块平整的场地，3 块长形垫子。

【竞赛方法】

把小组分成两排，背对背站好，然后平躺在垫子上，双手向上举起，两手之间要有一定的距离，所有队员要肩挨肩，并且肩膀要在一条直线上。

一个队员身体绷直，由老师保护平躺在队员的手上，躺在垫子上的队员要用自己的双手把上面的队员从队伍的一侧平托举到队伍的另一侧放下，然后再从下一个队员开始，直到所有的队员都被托举一遍为止。

【竞赛规则】

大家必须集中精力和紧张身体；被传递的人到末端时一定要有人接应；传递过程中有一人失误即判输。

15. 大树与松鼠

【参赛人数】

10 人以上。

【比赛道具】

一块平整的场地。

169

【竞赛方法】

事先分好几个组，三人一组，其中两人扮"大树"，面向对方伸出双手搭成一个圆圈形成"树洞"；一人扮松鼠，并站在"树洞"中间；主持人或其他没成对的队员担任自由角色。

（1）当主持人喊"松鼠"时，"大树"不动，扮演"松鼠"的人就必须离开原来的大树，重新选择其他的大树；主持人或临时人员成为"自由松鼠"也趁机寻找"树洞"，最后没有"树洞"的"松鼠"应表演节目。

（2）当主持人喊"大树"时，"松鼠"不动，扮演"大树"的人就必须离开原先的同伴重新组合成一对"大树"，并困住某个"松鼠"，主持人或临时人员临时扮演"自由大树"，最后没有形成"大树"的人应表演节目。

（3）当主持人喊"地震"时，扮演"大树"和"松鼠"的人全部打散并重新组合，扮演"大树"的人也可扮演"松鼠"，"松鼠"也可扮演"大树"，主持人和其他临时人员也加入竞赛中，最后落单的人表演节目。

【竞赛规则】

时间限定在10分钟之内。

16. 代号接龙

【参赛人数】

10人以内。

【比赛道具】

室内外场地。

【竞赛方法】

（1）队员围成一个圆圈坐着，先选出一人做"鬼"。

（2）队员以"鬼"的位置为基准，从"鬼"开始算来的数字，就是自己的代号，每个当"鬼"的人都是 1 号，"鬼"的右边第一位是 2 号，依次为 3 号……

（3）竞赛从"鬼"的位置开始进行。如果"鬼"开始说"1、2"，其意思就是由 1 号传给 2 号的意思。

（4）2 号在接到口令后，就要马上传给任何一个队员，例如"2、5"的话，2 当时就是自己的代号，5 则是自己想传达者的代号，此数字可以自由选择。

（5）如此一直进行比赛。

（6）如果自己的代号被叫到而却没有回答的人，就要做"鬼"。

（7）"鬼"的代号是从 1 开始，所以当"鬼"换人的时候，则所有人的代号重新更改。

【竞赛规则】

在 5 秒之内没有将号传递下去者判输。

17. 数字传递

【参赛人数】

10～48 人。

【比赛道具】

用三个纸板各写一组数 0、900、0.01。

【竞赛方法】

（1）将队员分成若干组，每组队员 5～8 名左右，并选派每组一名组员出来担任监督员。

（2）所有参赛的组员排纵队排好，队列的最后一人到主持人处，主持人向全体参赛队员和监督员宣布竞赛规则。

（3）各队代表到主席台前，主持人说："我将给你们看一组数字，你们必须把这组数字通过肢体语言让你全部的队员都知道，并且让小组的第一个队员将这组数字写到讲台前的白纸上（写上组名），看哪个队伍速度最快、最准确。"

（4）全过程不允许说话，后面一个队员只能够通过肢体语言向前一个队员进行表达，通过这样的传递方式层层传递，直到第一个队员将这个数字写在白纸上。

【竞赛规则】

比赛进行三局，每局休息 1 分钟。第一局胜利积 5 分，第二局胜利积 8 分，第三局胜利积 10 分。

18. 罐头鞋

【参赛人数】

10~14 人。

【比赛道具】

大汽油桶 3 只，分别涂色，长 35 米，宽 0.28~0.3 米，厚 0.07 米黄花松木板两块。

【竞赛方法】

（1）把两块板平放在 3 个桶上，板头分别压在桶的二分之一处。

（2）召集队员至场地，请不超过 14 人站到放在铁桶上的木板上，并宣布此项目名称。

（3）要求大家在 40 分钟的时间里，在人不落地的情况下，把 3 个桶和两块板向其延长线的方向移动两块板的距离。

（4）宣布从现在起任何人不能下地，直至到达目标物。

（5）可以利用的器材为两块木板，3 个铁桶。

【竞赛规则】

人不许下地，板不许落地，桶不许倒地，犯规一次罚 10 分。下面的人不能帮助，时间为 *40* 分钟，超时 *1* 分钟罚 *1* 分，不可超时 *25* 分钟。

19. 全体离地

【参赛人数】

12~30 人。

【比赛道具】

9 条粗竹子，*9* 条小白绳。

【竞赛方法】

（1） 主持人发给每组 *9* 条竹子和 *9* 条小白绳。

（2） 该小组必须在 *20* 分钟内建起一个架构，该架构可以使全体 的组员同时离地 *3* 分钟。

【竞赛规则】

超时判输。

20. 翻叶子

【参赛人数】

12~16 人。

【比赛道具】

每组一块布（约可让整组人站上或稍大）。

【竞赛方法】

（1） 所有队员现在是一群雨后受困的蚂蚁，在水面好不容易找到一块叶子站上，却又发现叶面充满了毒液，除非大家可以将叶子翻面，否则又将遭受另一次生命的威胁。

（2） 在叶子成功翻面以前，每隔 *3* 分钟，就有一人中毒失明（或

173

无法说话），由团队自行决定谁是中毒者。

【竞赛规则】

（1）整个过程都站在叶子上，包含讨论。

（2）所有人身体的各部位均不可碰触到叶子以外的部分，否则重来。

21. 解方程式

【参赛人数】

12~16 人。

【比赛道具】

每组一条约 *20* 米长的编织绳。

【竞赛方法】

（1）依照每组人数，在绳索上取等距打上单结；每个绳结旁均由一人单手握住。

（2）设法用握住绳索的手，将整条绳索的结打开。

【竞赛规则】

（1）整个过程中手不可离绳索。

（2）不可借助任何器具及另一只手的协助。

22. 千斤顶

【参赛人数】

10~50 人。

【比赛道具】

平坦且空旷的场地。

【竞赛方法】

（1）刚开始2人一组操作（找体型相仿的伙伴搭配），两人面对面坐在地上，脚底相抵、膝盖弯曲、双手紧握。

（2）双方用力互拉，使两人同时垂直站起。

（3）当两人小组成功后，再增加一位伙伴，以同样方式站起，然后依序增加入，直到整个团体都试过。

【竞赛规则】

执行时脚一定要有接触，手要互握，所有的人臀部要同时离开地面。

23. 木人梯

【参赛人数】

12～50人。

【比赛道具】

一个60公分长的体操棒若干支。

【竞赛方法】

（1）所有成员两人一组，手握一支约60公分长的体操棒，面对面搭成一排木梯（可直立或横或倾斜），高度不宜过腰。

（2）所有成员须依序攀爬通过木梯。

（3）要注意踩稳后再前进。

【竞赛规则】

（1）不能碰触或协助攀爬者。

（2）掉下或犯规须回原点重来。

24. 默契报数

【参赛人数】

10～60人，分为若干组。

【比赛道具】

平坦场地。

【竞赛方法】

（1）让所有成员围成一个大圆圈。

（2）所有人同时面向圆心，分别往圈内走五步，碰到人则让开继续走。可斟酌前进1～2步。

（3）走完五步则立定，然后开始报数，从1报到30（以上为混乱顺序之方式，亦可以请所有成员以"逛大街"的方式，随处游走，勿使每个人的方向一致）。

（4）不限制报数的前后顺序，一切由彼此的默契来决定。

（5）若有成员报相同数目则要重来。

（6）直到所有数目从1～30依序被报过且没有重复时，则任务达成。

【竞赛规则】

（1）谁都可以开始。

（2）同一人不可连续重复报数。

（3）成员间不可以沟通、提醒、暗示或使眼色。

（4）若有两人或多人同时报数，则要重来。

（5）以不超过30分钟为原则。

25. 平结绳圈

【参赛人数】

10 人以上。

【比赛道具】

准备长短不一的绳子若干（依人数而定）。

【竞赛方法】

（1）主持人将平结的打法教给队员，注意平结是一种绳子的活结打法，结点可以任意伸缩。

（2）队员将平结打好后成一绳圈，放在地上，然后队员将脚放在绳圈之内。

（3）主持人提醒队员："你们的脚在绳圈之内了吗？确认安全了吗？"

（4）队员确认之后，主持人说："开始换位。"队员全部离开自己的绳圈并到其他的绳圈之内；三次之后，开始逐渐减少绳圈的数量，每次减少一个，主持人就要提醒队员："你们的脚在绳圈之内了吗？你们确认安全了吗？"但要求就是所有队员不得在绳圈之外（可能是几个人同时挤在同一个绳圈里）。

（5）到最后只剩下一个绳圈的时候，所有人都站在一个绳圈里，不断缩小圆圈，直到所有人都紧紧挤在一起。竞赛第一阶段结束。

（6）竞赛第二阶段：当主持人不断地将绳圈缩小至极限范围，并不断询问所有人有没有信心挑战极限。队员不断地会进行挑战，当到达极限的时候，往往会出现一些意想不到的结果。比如，有人会提示出我们有没有办法寻找新的思路来挑战极限。记住，主持人要注意把握队员的场上气氛，及时加以引导。如果队员没有办法解决问题的时候，主持人应视情况将解决方法公布。所有队员可以坐在地上，将脚放在绳圈内。

【竞赛规则】

脚必须在绳圈之内。

26. 齐眉棍/圈

【参赛人数】

10 人以上。

【比赛道具】

1 根 2~3 米左右的轻质塑料棍（最好可伸缩）或呼啦圈。

【竞赛方法】

（1）让小组成员站成相对的两列或并排一列亦可，让小组成员全部将双手举到自己的眉头的位置。

（2）将轻质塑料棍放在每个人的双手上，注意：必须保证每双手都接触到轻质塑料棍，并且手都在轻质塑料棍下面。

（3）要求小组成员将轻质塑料棍保持水平，小组成员的任务是：

在保证每个人的手都在轻质塑料棍下面的情况下将轻质塑料棍完全水平的往下移动。一旦有人的手离开轻质塑料棍或轻质塑料棍没有水平往下移动，任务就算失败。

（4）用圈亦可代替做本竞赛。

【竞赛规则】

塑料棍必须保持水平下降。

第六节　互助游戏训练

1. 连环手

【参赛人数】

10~50人，10人一组。

【比赛道具】

一块平整的场地。

【竞赛方法】

（1）主持人让每组队员站成一个面向圆心的圆圈。

（2）主持人说："先举起你的右手，握住对面那个人的手；再举起你的左手，握住另外一个人的手；现在你们面对一个错综复杂的问题：在不松开手的情况下，想办法把这张乱网解开，最后形成一个大家手拉手围成的一个大圆圈。"

（3）主持人告诉大家：乱网一定可以解开，但答案会有两种，一种是一个大圈，另外一种是两个套着的环。

（4）如果在尝试过程中实在解不开，主持人可允许队员决定相邻两只手断开一次，但再次进行时必须马上封闭。

【竞赛规则】

不能抓自己身边队员的手，自己的两只手不能同时抓住另外一个人的两只手，没有主持人的批准，任何情况下，队员的手都不能松开。主持人要多鼓励队员坚持到底，尽量不松手。

2. 坐地起身

【参赛人数】

10~20人。

【比赛道具】

一块平整的场地。

【竞赛方法】

（1）首先要求队员4个人一组，围成一圈，背对背地坐在地上（坐的意思是臀部贴地）。

（2）一般来说，一个坐在地上的人，手不把扶其他物体是很难站起来的。

（3）4人手"桥"手，然后要他们一同站起来。很容易吧？那么再试试人多一点如6~7个人，应该还不是太难。最后再试试十四五人一同站起来，那难度就会较高了。

【竞赛规则】

手不可撑地。

3. 过河

【参赛人数】

10~20人。

【比赛道具】

软垫一块。

【竞赛方法】

找一个运动场，在场中画两条相距60厘米的平行线作为河。将参赛者分成两队，各成单行纵队，面对河站立。各队找出两个大力士在

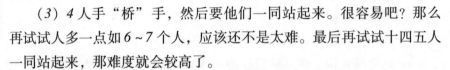

队前面对面站立，两脚分踏河的两边，两手互握腕部。在河的对岸，各置垫子一块。

哨声响后，各队由排头始，依次做下列动作：走到河边两位大力士的跟前，仰卧在大力士互握的手上，3 人同心协力使之迅速翻身过河，落在河对岸的垫上。

【竞赛规则】

过河者在对岸垫子上能站稳的得一分。以得分最多的一队为胜。

4. 众志成城

【参赛人数】

20 ~ 40 人。

【比赛道具】

数张泡沫拼图（或报纸）。

【竞赛方法】

（1）先将全体队员分成几组，每组约 10 人。

（2）主持人分别在不同的角落（依组数而定）的地上铺一块一平方米的泡沫拼图，请各组成员均站到泡沫拼图上，无论以什么方式站立都可以，但任何人的脚不可以踏在泡沫拼图之外。

（3）各组完成后，主持人请各组拿掉一块泡沫拼图后，再请各组成员踏在拼图上。若有成员被挤出拼图外，则该组被淘汰，不再参加下一回合比赛。如此逐步减少泡沫拼图，再请各组成员踏在拼图上，进行至淘汰到最后一组时结束。最后一组为胜利者。

【竞赛规则】

不可推撞他人。

5. 速凝

【参赛人数】

12 ~ 60 人。

【比赛道具】

较大的室内或者一块平整的场地，排球若干，收录机一台。

【竞赛方法】

（1）分成6组，每组以自创的特殊方式结合起来，成员相互了解。

（2）其中3个组有球，另3个组各找一个有球的组，结成1个大组，要求1个大组的人再相互交流，了解每一个成员的3大信息。

①工作的年限（累加，说明我们的经验很足，增加信心）。

②最自豪的事。

③最爱好的事。

（3）音乐传球。音乐停，球在谁的手中，则由谁介绍这一大组每个成员的情况。

【竞赛规则】

不能准确、清晰地介绍本组全部成员的，罚表演节目。

6. 疾风劲草

【参赛人数】

8人一组为最佳。

【比赛道具】

室内外均可。

【竞赛方法】

（1）主持人让每组成员围成一个向心圆，而主持人自己站在中央来示范，主持人双手绕在胸前，作出以下的沟通对话。主持人："我叫×××，我准备好了，你们准备好了没有？"

（2）全体队员回答："准备好了！"

（3）主持人："我倒了？"

（4）全体队员回答："倒吧!"

（5）这时主持人整个身体完全倒在团队成员的手中，这时团队成员把主持人顺时针推动两圈。

（6）主持人做完示范之后，小组的每位成员都要来试一试。

【竞赛规则】

不能及时接住圈中人者淘汰。

7. 默契

【参赛人数】

10 ~ 20 人。

【比赛道具】

围巾、绳子。

【竞赛方法】

（1）让所有成员遮住眼睛将绳子摆成规定的形状（如三角形、正方形等）。

（2）多次重复规则：眼睛不能看见，每个人双手始终不能离开绳子（结束后指出许多人并没有遵守规定——执行任务中的扭曲命令）。

【竞赛规则】

比赛过程中眼睛不能睁开。

8. 三个进球

【参赛人数】

10 人以上。

【比赛道具】

（每个小组）1 个大垃圾桶（用来接球）；40 个网球（放在袋子或

盒子里）。

【竞赛方法】

（1）邀请一个志愿者，让他和你一起站在前面。

（2）让志愿者面向某一个方向站好，目视前方，不可以左顾右盼，更不能回头。然后，把装有 40 个网球的袋子交给他。

（3）把垃圾桶放在志愿者的身后，垃圾桶与志愿者间的距离约为 10 米。注意不要把垃圾桶放在志愿者的正后方，要让它略微向旁边偏出一些。

（4）告诉志愿者他的任务是向身后的垃圾桶里扔球，要至少扔进 3 个球才算成功。告诫志愿者不许回头看自己的球进了没有，落在了哪里。

（5）让其他队员指挥志愿者，告诉他如何调整投掷的力量和方向才能进球。注意，这里只允许通过语言传达指令。

（6）等志愿者扔进了 3 个球后，问他"是什么帮助他实现了目标"，问其他队员是否也觉得很有成就感。

【竞赛规则】

扔进球数不达 3 个判输。

9. 断桥

【参赛人数】

10 人以上。

【比赛道具】

A、B 两块木板架在 8 米高空，其间相距 1.2 米至 1.9 米（间距可调）。

【竞赛方法】

小组每位成员依次自 A 木板跨越至 B 木板并返回。

【竞赛规则】

没返回者判输。

10. 电网

【参赛人数】

10 人以上。

【比赛道具】

一块平整的场地。

【竞赛方法】

小组全体成员，在规定时间内，穿越面前的一张大网，在此过程中，全体队员身体的任何部位及衣服不得触网，每个网眼只能被使用一次。

【竞赛规则】

触网者判输。

11. 同心圆

【参赛人数】

10 人以上。

【比赛道具】

一块平整的场地。

【竞赛方法】

（1）让队员们紧密地围成一圈，包括你自己。

（2）让每个队员把自己的胳膊搭在相邻同伴的肩膀上。

（3）告诉大家我们将要面临一项非常艰巨的任务。这项任务是大家要一起向着圆心迈三大步，同时要保持大家已经围好的圆圈不被破坏。

（4）等大家都搞清楚了竞赛要求之后，让大家一起开始迈第一步。迈完第一步后，给大家一些鼓励和表扬。

（5）现在开始迈第二步。迈完第二步后，你可能就不必挖空心思去想那些表扬与鼓励的词语了，因为，目前的处境已经使大家忍俊不禁了。

（6）迈第三步，其结果可能是圆圈断开，很多队员摔倒在地上。尽管很难成功地完成任务，但会使大家开怀大笑，烦恼尽消。

【竞赛规则】

不听口令迈步者罚下。

12. 筑塔

【参赛人数】

10 人以上。

【比赛道具】

桌子若干，筑塔的材料（积木或者其他代用品）。

【竞赛方法】

人员均匀地分到小组中，*7* 人一组。每个小组的任务是：在 *20* 分钟时间内，用所提供的材料，按照规定的方法，用最短的时间建造一座符合要求的塔，要求桌面上剩的材料不超过 *5* 块。小组之间相互竞争，以筑塔所用时间作为标准，最少时间者获胜。

【竞赛规则】

超过时间者判输。

13. 有轨电车

【参赛人数】

10 人以上。

【比赛道具】

两块木板及绳索。

【竞赛方法】

全组队员双脚分别站在两块木板上，双手抓住系于木板上的绳子，向指定方向行进。

【竞赛规则】

脱离木板者判输。

14. 快速传球

【参赛人数】

20人。

【比赛道具】

1只皮球。

【竞赛方法】

（1）把队员分成 4～5 个小组，所有的队员围成一个大圆圈，一个组的队员必须在一起，不能错开。

（2）然后将一个小球交给第一队的第一名队员，要求小球必须传过每一个人，不能落地，并规定在 30 秒的时间内必须传完 5 圈。

【竞赛规则】

（1）当规定时间到时，若还没有完成 5 圈，则小球在哪组队员手中，该组全体就要"受罚"（原地深蹲或俯卧撑等）。

（2）"受罚"后，开始进行第二轮竞赛。

（3）开始后的第一轮，队员们会发现要在这么短的时间内传 5 圈是很困难的，因此在第二轮中，有的队可能故意放慢节奏"陷害"其他队，这时候主持人要进行引导。通过几轮竞赛反复后，使队员们发现："陷害"其他队的做法并不可取，因为那是随机的；而唯一能做的就是共同努力想办法去创造记录，比如大家把手伸出形成平面，让球在上面滚过去等。

（4）有些队员可能因受"罚"而产生情绪，认为不公平，所以每轮从不同的起点开始，并在开始前打好"预防针"。

15. 盲人走路

【参赛人数】

10 人以上。

【比赛道具】

眼罩。

【竞赛方法】

两人一组（如 A 与 B）。

A 先戴上眼罩，将手交给 B，B 可以虚构任何地形或路线，口述注意事项指引 A 行进，如："向前走……迈台阶……跨过一道小沟……向左拐……"然后交换角色，B 戴眼罩，由 A 指引 B 走路。

【竞赛规则】

限时 *10* 分钟，不能在规定的时间内走完预定路线者判输。

16. 谁是胜利者

【参赛人数】

6 人以上。

【比赛道具】

与参加人数相等的坐垫和结绳。

【竞赛方法】

（*1*）6 个人围成圆圈，坐在坐垫上。

188

（2）各自捉住自己的一端，主持人发信号后即可开始拔河，但必须坐好。

【竞赛规则】

脱离坐垫或放开绳子的人就淘汰，最后留下来的人得胜。

17. 袋鼠跳

【参赛人数】

24～96 人。

【比赛道具】

跳袋 *2～10* 副（每副跳袋是由十几个连在一起的麻袋组成）。

【竞赛方法】

把队员分成若干组，每组队员分别站到跳袋里，双手提住跳袋的两边，站到起跑线上，听到主持人发出"开始"的口令后，所有队员提着跳袋一起有节奏地向前跳。

【竞赛规则】

脱离跳袋到达目的地者，不计算成绩。

18. 雨

【参赛人数】

10～20 人。

【比赛道具】

游艺室内。

【竞赛方法】

（1）以主持人为圆心，所有队员围成五个同心圆并面对主持人。

（2）由主持人示范以下动作，告知大家将要开始经历下雨的全过程。

①手掌相互摩擦：下雨之前的风声。

②手指交互拍打：开始有雨滴。

③多指一起拍打：毛毛雨。

④拍打大腿：下大雨。

⑤拍打胸口：下暴雨。

（3）示范完后请队员操作练习一次，每个动作依序由最内圈向最外圈传递。

（4）请所有队员将眼睛闭上，保持静默，再由主持人从圆心开始将 1~5 的动作向外圈传递，然后再从 5~1，等所有声音停止，再让队员张开眼睛。

【竞赛规则】

比赛过程中不得睁开眼睛。

19. 同舟共济

【参赛人数】

10~20 人，分为若干组。

【比赛道具】

木板若干块。

【竞赛方法】

参赛队员站在木板船上，在起跑线后站好。比赛开始，队员协同动作前进，以船尾到达终点线为比赛结束。

【竞赛规则】

时间少者为胜。

20. 修复计算器

【参赛人数】

每组 12~16 人。

190

【比赛道具】

数字板 30 个（标明 1~30），绳子 8~9 米两条。

【竞赛方法】

（1）用绳子围成一个长方形的框，主持人将数字板字朝上任意放置在框内，在距离 10 米远用另一条绳子标示为起点。

（2）所有成员须自起始线出发到数字框外围，依序碰触 1~30 的数字后回起点。

（3）所有成员须在界线外讨论且不能观察及试验。

（4）号码不可以跳号、重复或同时有一个以上的数字被碰触。

（5）不可同时有两个或以上的人在框内，也不可碰触数字板以外的地面。

（6）活动采用计时方式，每次犯规加计 10 秒。

（7）一共可执行三回合，目标是在最短的时间内完成任务。

【竞赛规则】

最短时间内完成任务者获胜。

21. 跳绳接力

【参赛人数】

10 人以上。

【比赛道具】

跳绳。

【竞赛方法】

参赛队员成一路纵队站在起跑线后。比赛开始，第一人手持跳绳向前跳出，绕过标志物跑回，将跳绳交给第二人，依次进行，以先跑完的队为胜。

【竞赛规则】

（1）只能跳绳跑，不得持绳跑。

191

（2）必须绕过标志物。

22. 协同作战

【参赛人数】

8~16人，两人一组。

【比赛道具】

排球若干个。

【竞赛方法】

参赛者背对背，互相挽住对方的手臂，中间夹一排球，站在起跑线后。比赛开始，二人迅速侧身向前跑，绕过标志物跑回将球交给后面的队员，依次进行，以先跑完的队为胜。

【竞赛规则】

（1）不得松开手臂。

（2）球若掉下必须拾起重新开始。

23. 齐心协力

【参赛人数】

8人。

【比赛道具】

平坦场地。

【竞赛方法】

参赛队员成一路纵队，前面队员抱住后面的队员右腿，后面队员左手搭在前面队员的肩上。比赛开始，队员们单脚向前跳跃前进，以排尾跳过终点线为比赛结束，时间少者为胜。

【竞赛规则】

队伍从哪儿断开必须从哪儿接好，不得提前跳。

24. 推铁环

【参赛人数】

男、女各 5 人。

【比赛道具】

铁环。

【竞赛方法】

队员成一路纵队站在起跑线后，线前 20 米放一标志物。比赛开始，队员手推铁环绕过标志物返回，以接力形式进行，以最后一人和铁环同时到达终点的先后判定名次。

【竞赛规则】

先到者为胜。

25. 车轮滚滚

【参赛人数】

男、女各 5 人。

【比赛道具】

轮胎。

【竞赛方法】

队员成一路纵队站在起跑线后，线前 20 米放一标志物。比赛开始，排头手推轮胎跑出，绕标志物返回，将轮胎交给第二人，自己站到排尾依次进行。

【竞赛规则】

以先完成的队为胜。

26. 跳袋接力

【参赛人数】

10 人以上。

【比赛道具】

跳袋。

【竞赛方法】

参赛队员成一路纵队站在起跳线后。比赛开始，第一人站在跳袋内，手提跳袋的带子向前跳出，绕过标志物返回并将跳袋交给第二人，依次进行，以先跳完的队为胜。

【竞赛规则】

（1）必须绕过标志物。

（2）必须在起跑线后交接。

（3）队员若摔倒必须在原地起来，重新再跳。